Notizen

Texte schreiben, Geld verdienen

Seriös von zu Hause als Texter und Autor im Internet erfolgreich sein

Claudia Koppe
Texte schreiben, Geld verdienen
Seriös von zu Hause als Texter und Autor im Internet erfolgreich sein

1. Auflage 2017

IBSN 978-3-946712-05-3 (Druckausgabe)

Bezugs- und Verlagsanschrift
Michael Meckelein E-Commerce
Am Finkenflug 23
97292 Uettingen
Deutschland
Web: www.meckelein.de

Umschlaggestaltung
Michael Meckelein
Bild © Robert Kneschke – Fotolia

Inhalt

Schreiben – eine Leidenschaft?

„Am Anfang war das Wort.“ Dieses berühmte Bibelzitat hat für die schreibende Zunft eine besondere Bedeutung. Denn ohne das Wort wäre sie arbeitslos.

Worte haben Macht. Sie können schlimmer verletzten als ein Schwert. Sie können führen. Beeinflussen. Manipulieren. Wer mit dem Schreiben Geld verdienen will, hat mit ihnen ein gewichtiges Werkzeug zur Hand.

Es ist noch gar nicht so lange her, dass eine Bekannte an mich herantrat und um Tipps bat. „Wenn ich mit Schreiben Geld verdienen könnte, würde ein Traum in Erfüllung gehen“, hörte ich sie sagen. Und ich hörte mich als junges Mädchen im Kopf widerhallen.

„Du machst das doch. Im Internet. Wie?“ Das war ein langer Weg, in dem ich nicht selten meine Liebe auch infrage gestellt habe. Wer mit dem Schreiben Geld verdienen will, muss auch die Schattenseiten durchstehen.

Ein Autor ist mit dem Schreiben verheiratet. Er liebt Worte. Er mag es, mit ihnen zu spielen. Er will jonglieren. Mit Buchstaben erweckt er Bilder, startet Gedanken und regt das Kopfkino an. Aber wie in einer normalen Ehe gibt es auch hier Streit.

Ein Autor hasst ebenfalls. Denn zur Leidenschaft des Schreibens gehört auch das leere Blatt Papier, das sich nicht füllen will. Die Schreibblockade. Das Wort, das fehlt. Das Thema, vor dem die Kreativität flüchtet.

Die Korrektur erfordert Disziplin und macht oft wenig Spaß. Die Recherche kann mühsam sein und in die Verzweiflung treiben. Schmerzende Glieder, einsame Stunden vor dem Computer und ausbleibende Anerkennung gehören ebenso dazu.

Daher muss am Anfang solch eines Ratgebers unbedingt die Frage stehen:

Ist das Schreiben auch mit all seinen Schattenseiten noch Ihre Leidenschaft? Lieben Sie Worte so sehr, dass Sie das in Kauf nehmen wollen?

Wenn Sie diese Fragen mit Ja beantworten, dann bringen Sie die wichtigste Voraussetzung mit, um mit Texten Geld zu verdienen. Denn Leidenschaft kann niemand lernen.

Alle anderen Fähigkeiten, die ein erfolgreicher Texter braucht, können trainiert werden. Dieser Ratgeber zeigt, welche das sind und wie Sie sie perfektionieren. Garniert wird das Rezept mit Nuancen der rechtlichen Rahmenbedingungen und Tipps rund um das Homeoffice.

„Warte, bis ich den Ratgeber geschrieben hab. Darin wird alles stehen, was du wissen musst." Das war übrigens meine Antwort auf die Anfrage meiner Bekannten!

Sie liest gerade. Wie Sie.

Texten und Schreiben

–

Die Unterschiede

Äpfel und Birnen sind nicht miteinander vergleichbar. So ähnlich verhält es sich auch mit Texten und Schreiben. Sie dachten, das ist das Gleiche? Keineswegs.

Passend ist vielleicht folgende Interpretation:

„Schreiben": In der Praxis meist Langtexte
„Texten": Inszenierungen von Botschaften[1]

Wer ein tolles Tagebuch schreiben kann, ist noch lange kein guter Texter. Denn dieser hat sich verschiedenen Anforderungen zu unterwerfen. Der Texter schreibt nicht frei.

Die wichtigsten Unterschiede:

1. Ein Texter schreibt nicht für sich.
2. Texter arbeiten für einen Auftraggeber.
3. Texter fügen sich den Anforderungen des Auftraggebers.
4. Speziell sprachliche Aspekte können nur in Maßen frei gewählt werden.
5. Ein Texter verfolgt eine Absicht.
6. Es bedarf deutlich mehr Arbeitsschritte als das Schreiben selbst.

---

1 http://www.lernkaertchen.ch/kaertchen80593

Nicht selten wird dem Texter eine Botschaft vorgegeben. Dieser wird der gesamte Text untergeordnet. Die Wortwahl richtet sich danach. Ein Texter muss wissen, wie er Worte gezielt verwendet und bewusst Wirkung schafft.

Ein Schreiber kennt sie kaum, dem Texter sind folgende Instrumente die Werkzeuge:

- Textgestaltung
- Keyword
- Zwischenüberschrift
- Informationskasten

Oft werden völlig fremde Inhalte verlangt, in die sich ein erfolgreicher Texter erst einarbeiten muss. Zudem muss er gerade im Internet weit aus mehr Können liefern, als den Umgang mit einem Schreibprogramm. Uploaden, CMS-Systeme und Verlinkungen sind nur einige dieser Instrumente.

Auch ist es dem Schreiber oft fremd, dass er unter Zeitdruck arbeiten muss. Texter haben Deadlines. Textern werden Wörter vorgeschrieben. Wann, wie oft und welche! Und genau deswegen kosten Texter Geld. Denn Texten ist eine Kunst, die weitaus mehr vereint, als nur das Aneinanderreihen von Worten.

Wenn man es genau betrachtet, ist das Schreiben nur ein Teil der Texterarbeit. Für den erfolgreichen Texter wird das Schreiben Mittel zum Zweck. Der Liebende verliert dennoch nicht die Leidenschaft.

Das Tagebuch ist eine gute Übung. Aber Geld verdienen lässt sich damit nicht.

Wenn Sie als Texter Einkommen erzielen möchten, müssen Sie Ihre Tätigkeit anmelden. Der Aufwand ist überschaubar. Welcher Papierkram auf Sie zukommen, erfahren Sie auf den nächsten Seiten.

Der Start als freiberuflicher Texter

Welche Anmeldungen sind nötig?

Am Anfang stehen immer die Formalien. Kein Arbeitnehmer beginnt seine Tätigkeit ohne den Arbeitsvertrag, kein Mieter darf ohne Mietvertrag einziehen, kein Auto wechselt ohne Kaufvertrag den Besitzer.

Die Formularschlacht ist Pflicht. Doch welche Anmeldungen sind notwendig?

Das Texten für verschiedenen Auftraggeber ist eine unternehmerische Tätigkeit auf selbstständiger Basis. Diese kann in Deutschland auf zwei Arten ausgeübt werden:

1. als Freiberufler
2. als Gewerbetreibender

Beide Formen sind bei Textern möglich.

Egal ob Vollzeit oder im Nebenberuf: Den Anfang macht der Fragebogen zur steuerlichen Erfassung[2] des Finanzamtes. Schon das erste Kreuz zeigt, dass hier noch kein Unterschied zwischen Gewerbe und Freiberuflichkeit gemacht wird.

2 https://www.formulare-bfinv.de/ffw/action/invoke.do?id=034250

Diese Unterscheidung erfolgt später selbst vom Finanzamt. Grundsätzlich gilt, dass Freiberufler eine wissenschaftliche, künstlerische, schriftstellerische, unterrichtende oder erzieherische Tätigkeit ausüben. Dies ist im §18 des Einkommensteuergesetzes festgelegt.[3]

Darunter fallen unter anderem Architekten, Tierärzte oder Rechtsanwälte. Aber auch Heilpraktiker und Journalisten gehören dazu. Das sind die sogenannten Katalogberufe.

Ich bin beispielsweise als „Freie Journalistin" beim Finanzamt gelistet, da ich zu Beginn meiner Karriere den freien Weg neben Schule und Ausbildung wählte, Zeitungen und Fernsehsender meine Auftraggeber waren und sind.

Aber auch „Texter" hat die gleiche Einstufung.[4]

Freiberufler haben gegenüber dem Gewerbetreibenden den Vorteil, dass sie keine Gewerbesteuer zahlen müssen. Die Gebühr für die Gewerbeanmeldung sparen sie sich auch. Eine weitere Erleichterung hält das Steuerrecht parat: Freiberufler dürfen ihren Gewinn über eine ver-

---

3 http://www.gesetze-im-internet.de/estg/__18.html

4 Übersicht der freien Berufe: http://www.starting-up.de/gruenden/checklisten/wer-gehoert-zu-welcher-freiberufler-gruppe.html

gleichsweise einfache Einnahmen-Ausgaben-Rechnung ermitteln. Eine aufwendige Bilanz ist nicht nötig.

Die zweite wichtige Anmeldung betrifft die Renten- und Krankenversicherung. Wer nicht nebenbei textet, sondern hauptberuflich als freier Texter arbeiten möchte, fällt unter die Sonderregelungen.

Freiberufler anderer Passionen sind oft in Kammern geregelt. Für die Publizisten ist die Künstlersozialkasse (KSK)[5] vorhanden, denn diese regelt nicht nur die Rentenversicherung, sondern auch Kranken- und Pflegeversicherung.

Der freiberufliche Texter leistet die Hälfte der Beiträge, die andere Hälfte wird hierbei vom Bund beigesteuert. In Sachen Krankenkasse besteht dennoch freie Wahl für den Freiberufler.

---

5 http://www.kuenstlersozialkasse.de/

Folgende Voraussetzungen gelten für Publizisten und Künstler bei der KSK[6]:

1. Die Arbeit muss selbstständig sein und nicht im Rahmen eines Arbeitsverhältnisses stattfinden.
2. Sie ist auf Dauer angelegt.
3. Sie ist künstlerisch oder publizistisch.
4. Der Mindestverdienst muss bei 3.900 Euro jährlich liegen. Ausnahmen gibt es in den ersten drei Jahren der Existenzgründung.
5. Es wird maximal ein Arbeitnehmer beschäftigt.

Mit diesen beiden Anmeldungen ist der Grundstein gelegt.

6 http://www.kuenstlersozialkasse.de/wDeutsch/kuenstler_und_publizisten/voraussetzungen.php

Braucht es eine spezielle Ausbildung?

Lernen ist nie falsch. Daher ist es nur ratsam, eine Ausbildung zu absolvieren. Jedoch ist dies weder beim Journalisten, noch beim Werbetexter und anderen ähnlichen Tätigkeiten Pflicht.

Diese Ausbildungen gelten als gesetzlich nicht geregelt. Das bedeutet, dass jeder Quereinsteiger zum Texter werden kann, ohne je eine Ausbildung absolviert zu haben.

Das bedeutet jedoch nicht, dass dies clever ist.

Mein Werdegang ist typisch. Ich habe in Zeitungsredaktionen bereits als Teenager angefangen, dann ein Volontariat absolviert, bevor ich noch mal an der Uni die Schulbank gedrückt habe. Mein Studium der Medienwissenschaften hat mich dorthin gebracht, wo ich heute bin.

Im Gegenzug habe ich nie einen Schreibkurs besucht. „Kreatives Schreiben und Co“ hat mir die Praxis beigebracht.

Wer jedoch ohne praktische Erfahrung mit Texten Geld verdienen will, sollte sich zweimal überlegen, dies ohne jegliche Vorkenntnisse zu tun. Die Theorie ist ein wichtiger Grundstein.

Sind Sie Quereinsteiger? Sie möchten sich fortbilden? Aber Sie sehen sich partout nicht zwischen jungen Studenten an der Uni? Dann sind andere Ausbildungsstätten möglicherweise Ihr Ding. Es gibt:

- Textakademien
- Studiengänge an Fernhochschulen
- Volkshochschulkurse
- die Bildung mittels Bücher

Wie gesagt - nichts muss, alles kann. Doch jeder gute Texter weiß: „Von nichts kommt nichts". Wissen kann nie Schaden und die Investition in die eigene Bildung ist selten eine Verschwendung. Gerade wer Vollzeit in diesem Beruf arbeiten will, sollte dies nicht ohne Vorkenntnisse tun. Die Konkurrenz ist groß und schläft nicht.

Fragen Sie sich schon die ganze Zeit, ab wann Sie sich Texter nennen dürfen? Die Antwort kommt jetzt.

Ist Texter eine geschützte Berufsbezeichnung?

Hier lautet die Antwort ganz klar: Nein!

Eine nicht geschützte Berufsbezeichnung löst den Anschein aus, eine entsprechende Ausbildung zu haben, die jedoch nicht zwingend notwendig ist. Da die Ausbildung in diesem Bereich nicht geregelt ist, kann jeder sich als Texter bezeichnen.

Das bedeutet, dass der Blick in den Lebenslauf erst Aufschluss gibt, ob auch wirklich berufliches Know-how dahinter steckt.

Sie wollen ein Texter sein? Dann starten Sie heute mit Ihrem neuen Beruf. Vollzeit? Oder nebenberuflich? Beides ist möglich. Diese Wahl treffen Sie ganz allein!

Ich verrate Ihnen gleich, wo Sie noch heute Ihren ersten Auftrag finden. Ein paar Euro sind schnell verdient. Doch es gilt den Verdienst zu steigern. In den nächsten Kapiteln lesen Sie, wie das geht.

Wie verdiene ich als Texter Geld?

Von Luft und Liebe kann keiner leben. Während die Schriftsteller und Dramaturgen wie Goethe oder Schiller oft am Hungertuch nagten, ist die Verdienstmöglichkeit für die schreibende Zunft heutzutage deutlich besser.

Bild © Daniel Ernst / Fotolia

Schreibende Journalisten verdienen bei Zeitungen und Zeitschriften. Schriftsteller verkaufen Bücher. Vor einigen Jahren kam eine weitere Einnahmequelle hinzu: Das Internet.

Im Netz der Netze können Texter ihr Geld verdienen. Wie viel? Das hängt von jedem selbst ab. Es gibt unterschiedliche Anlaufstellen, diese lernen Sie auf den folgenden Seiten kennen.

Textportale: Der schnelle Einstieg und die ersten Aufträge

Ja, auch im Texterberuf gibt es einen Dumpingmarkt. Viele Experten kritisieren die verschiedenen Textportale im Internet extrem. Ihre Argumente:

1. Für ein, zwei oder drei Cent können keine guten Texte entstehen.
2. Der Preis lasse keine gute Recherche zu, keine Korrektur, kein ausgefeiltes Formulieren.
3. Texter, die sich dafür hergeben, machen sich zum SEO-Sklaven.

Ja und Nein – muss ich dazu sagen. Ausgefeiltes Formulieren liegt in der Schreiberehre. Und der Dumpingmarkt hat auch seine Vorteile. Denn die verschiedenen Content-Plattformen ermöglichen:

- einen schnellen Einstieg
- wenig Verantwortung
- Übung und Erfahrung
- Entwicklung eines Schreibflows

Zudem gibt es Bedarf an viel Inhalt, der nicht gerade eine tiefere Recherche erfordert. Daher haben Preise im unteren Bereich ihre Berechtigung.

Ich will es mal so vergleichen: Der Billigdiscounter im Lebensmittelbereich darf ebenso leben wie der Deluxe-Laden.

Mich hat vor allem der Schreibflow in meinen Anfangszeiten direkt zu diesen Textportalen getrieben. Denn dort waren immer Aufträge vorhanden. Ich musste keine Akquise betreiben. Ich konnte direkt loslegen.

Ich konnte jeden Tag schreiben, hatte den Druck einer Deadline und gewöhnte mir einen Arbeitsrhythmus an.

Auf den Stundenlohn habe ich lange nicht geachtet.

Nicht nur aus diesem Grund sollten Autoren wissen, was Textportale sind. Ein anspruchsvoller Texter kann dort den Einstieg finden, sollte aber die Ambition haben, seinen Wortpreis zu entwickeln.

Denn wer zu lange im Dumping-Tarif verweilt, wird wirklich zum SEO-Sklaven.

Was und wie viel Sie auf den Textportalen verdienen können, ist von Anbieter zu Anbieter verschieden. Es gibt drei gängige Vergütungsmodelle.

1. **Bezahlung pro Wort**

Gängig sind die Portale:

- Textbroker[7]
- Content[8]
- Greatcontent[9]
- contentworld[10]
- pagecontent[11]

Die Plattform vermittelt zwischen Textauftraggeber und Texter. Ersterer zahlt einen höheren Preis, als beim Texter ankommt – das ist die Vermittlungsgebühr, die sich das Portal einbehält. Dafür wird die Echtheit der Texte garantiert (generierte Prozesse lassen nur geprüfte Texte zu). Zudem wird die Auftragsakquise darüber abgedeckt.

7 https://www.textbroker.de
8 https://www.content.de
9 https://www.greatcontent.de
10 http://www.contentworld.com
11 https://www.pagecontent.de

Als Schreibender muss man sich bei dem Portal mit einem Probetext anmelden. Dieser wird überprüft und meist mit einer Einstufung versehen.

Die Einstufung legt fest, welche Kategorien der Texter bearbeiten darf. 3-Sterne-Texter können keine 4-Sterne-Aufträge annehmen. Ein 5-Sterne-Texter kann hingegen Aufträge aus Kategorie 3-Sterne annehmen.

Je nach Einstufung richtet sich auch der Wortpreis, der auf dem Portal zu erhalten ist. Mancher Auftraggeber weiß um die geringen Anforderungen des Textes und wird ihn daher in den unteren Kategorien einordnen. Ein Produkttext wird nicht so viel kosten wie eine wissenschaftliche Ausarbeitung.

Bei den Textportalen gibt es mehrere Möglichkeiten, Texte zu bearbeiten:

1. Open Orders
2. Direct Orders
3. Group Orders
4. Projekte und Bewerbungen

Im Bereich „Open Orders“ kann jeder Texter den Auftrag aus einem offenen Pool fischen. Der Preis ist meist nach Kategorie festgelegt.

Im Bereich der „Direct Orders" können Auftraggeber die Texte an ausgewählte Texter direkt vergeben. Der Preis ist individuell verhandelbar.

In Gruppen kann ebenfalls gearbeitet werden. Bei „Textbroker" gibt es zahlreiche verschiedene Gruppen, mit unterschiedlichen Preisen und Anforderungen. Manche sind offen, bei anderen wird ein Bewerbungstext erfordert.

Hat ein Texter beispielsweise eine Einordnung mit dem Wortpreis 0,9 Cent – so kann er dennoch in Gruppen mehr Geld pro Wort verdienen.

Das geht auch bei Projekten, für die man sich bewerben kann. Bei „content.de" können auch Themenvorschläge an Auftraggeber gegeben werden. Dieser entscheidet dann, ob er den Auftrag vergibt.

Zum Auftrag gehören ein ausführliches Briefing, ein fester Preis und eine Abgabefrist. Der Texter setzt sich hier einer Deadline aus.

Ist der Text geschrieben, wird er über das Portal eingereicht. Bei den meisten Portalen erfolgt dann automatisch eine Plagiats-Prüfung. Danach kann der Auftraggeber entscheiden, ob er den Text annimmt oder eine Korrektur verlangt.

Bei angenommenem Text wird der Verdienst auf ein virtuelles Konto gutgeschrieben. Überschreitet dies den Mindestbetrag (meist um 10 Euro), kann der Texter sich dieses Geld auf sein angegebenes Konto auszahlen lassen.

Es gibt noch zahlreiche weitere Details, die auf diesen Plattformen möglich sind. Zum Beispiel Stornierungen und Blacklist. Bei manchen unterliegt der Texter auch einer permanenten Prüfung durch die Plattform. „Textbroker" beispielsweise bewertet alle Texte und bestätigt oder ändert dadurch die aktuelle Einstufung. Ein Texter kann sich dadurch verbessern, aber auch tief fallen.

Vor allem diese Funktion hat mich aus dem offen Pool der Plattform getrieben. Denn die Bewertungen meiner Texte waren längst nicht so objektiv, wie ich sie mir gewünscht hätte.

So wurden in einem 300-Wörter Text mehrere Fehler toleriert, dennoch die aktuelle Einstufung bestätigt. Bei 3000 Worten führte ein fehlendes Komma dann zur Rückstufung.

Inwieweit das Portalpraxis zur Steuerung der Autorenanzahl in den verschiedenen Kategorien ist, kann und will ich nicht beurteilen.

Für mich als Anfänger war es bezüglich Moral und Motivation desaströs.

Verständlich ist nur eins: Keiner dieser Portale will, dass der Texter seine Auftraggeber außerhalb der Plattform kontaktiert. Jedem muss klar sein: Die Betreiber lesen Nachricht mit. Ein Anfänger bekommt schnell eine Abmahnung, agiert er abwerbend.

Textportale lohnen sich also zweierlei für den Einstieg als Texter. Als Einnahmequelle und als Übungsplattform.

2. **Revenue-Sharing-Sites**

Wem es nicht liegt, vorgefertigte Themen zu bearbeiten und mit Keyword-Vorgaben flüssig zu formulieren, der findet im Internet Möglichkeiten für das freie Schreiben. Natürlich für Geld. Nicht für die Muse.

Möglich machen das sogenannte „Revenue-Sharing-Sites“. Dort wird das Geld nicht mit dem Text selbst verdient, sondern der Texter an den Werbeeinnahmen beteiligt, die die Texte generieren. Klickt der Leser auf ein Werbebanner, fließt Geld.

Der Vorteil: Bei diesem Konzept werden dem Anfänger alle Tätigkeiten drum herum abgenommen und er kann sich direkt auf das Texten konzentrieren. Es ist kein eigener Blog nötig. Um Google AdSense und andere Werbeformate kümmert sich der Betreiber. Dennoch können dort Themen deutlich freier gewählt werden. Es zählt jedoch die Qualität, damit die notwendigen Klicks überhaupt erst zustande kommen.

Gegenüber den Textplattformen kann auf diesen Seiten ein wiederkehrendes passives Einkommen zustande kommen. Der Anfänger kann ohne Risiko üben, kennenlernen und lernen. Schnelles Geld ist allerdings meist nicht zu machen, es braucht viel Geduld.

Mir fehlte sie in meinen Anfängen ehrlich gesagt. Ich habe mich zwar auf diesen Seiten ausgetobt, aber nie so lange, dass es wirklich einen Geldsegen gab.

Beispiele für diese Seiten sind:

- Tripsbytips[12]
- Pc.de[13]

„Tripsbytips“ sucht Texte rund um das Reisen: über Urlaubsziele, Hotels, Orte und Attraktionen. Die Plattform agiert nach dem „Open Order“ Prinzip: Autoren können

12 http://de.tripsbytips.com

13 http://pc.de/web/partnerprogramm-2900

zu vorgegebene Themen für ein fixes Entgelt schreiben. Bei den Kreativtexten sind die Klickzahlen ausschlaggebend.

Zu hundert Prozent aus Werbung sind die Einnahmen bei dem Partnerprogramm von „PC.de“ erzielt. Dort können Texter Tutorials, Testberichte und Gadgets rund um das Thema Technik erstellen.

Wie bereits erwähnt – diese Kategorie der Textmöglichkeit war nie wirklich meine Lieblingskategorie. Für Personen, die schnell Geld verdienen möchten, mag sie jedoch eine Möglichkeit sein. Auch dort kann man den Textflow üben, den Umgang mit Kunden erlernen und sich an Google, Keyword und Internettexte herantasten.

3. Schreiben auf Foren für Gutscheine

Eine weitere Möglichkeit dieser Kategoric sind sogenannte Prämien-Foren. Beispiele sind:

- talkteria[14]
- gutefrage[15]

---

14 http://www.talkteria.de

15 http://www.gutefrage.net

Dort wird das angemeldete Mitglied pro Beitrag honoriert. Eigne erstellte Themen bringen mehr als Antworten.

Doch zum Geldverdienen eignen sich diese Foren nicht. Es gibt maximal Prämien. Klassische Beispiele sind Tank- und Einkaufsgutscheine.

In meiner Anfangszeit hab ich diese Foren ausprobiert. Ich dachte mir: schnell auf eine Frage Antworten, meinen Senf dazugeben ohne direkt nachdenken zu müssen – das sei doch ein leicht verdienter Tankgutschein.

Ich erschrieb mir in meiner Karriere einen Einzigen. Danach hatte ich genug von den seichten Themen ohne Nachdenken. Foren sind nichts für mein Schreiberherz. Forenteilnehmer ebenso wenig.

Wie bereits erwähnt, sind Textportale meiner Meinung nach ein guter Einstieg. Doch verweilen sollte man dort nicht. Der erfolgreiche Texter wagt den nächsten Schritt.

Eigene Kunden: Jobbörsen, Stellenanzeigen und Netzwerk

Jetzt kommen professionelle Jobbörsen ins Spiel. Auf diesem Marktplatz suchen Auftraggeber nach Textern, die längerfristig für sie arbeiten. Dennoch kann der Texter die Zeit selbst einteilen.

Die Vorteile: Der Preis ist individuell verhandelbar. Dieser steigt je nach Anforderungen gern schon aus dem Dumpingbereich heraus. Ebenso redet hier keine Plattform rein, Texte werden nur vom Auftraggeber bewertet.

Der Nachteil: Sowohl Auftraggeber als auch Texter haben ein deutlich höheres Wirtschaftsrisiko. So gibt es keine automatische Prüfung der Texte und keine automatisierte Auszahlungsfunktion.

Beispiele für solche Jobbörsen sind:

- webmasterpark[16]
- textjobboerse[17]
- Texter[18]

Wer sich auf den zahlreichen Content-Plattformen nicht wohlfühlt, kann bei diesen Jobbörsen auf Anzeigen verschiedener Auftraggeber antworten oder sogar selbst seine Dienste anbieten.

Vorteil hat, wer Referenzen vorweisen kann. Manche Arbeitgeber wollen einen Probetext.

Heißer Tipp: Ich habe es oft erlebt, dass Auftraggeber diesen im Preis meist drücken wollten – da es doch nur ein Probetext sei. Ich argumentiere stets damit, dass auch dieser Text Arbeit macht. Nicht weniger als andere. Daher darf er auch nicht weniger kosten.

Häufig sortieren sich Auftraggeber dadurch selbst aus. Denn wer einmal im Preis drückt, wird es immer tun.

16 http://www.webmasterpark.net

17 http://www.texterjobboerse.de

18 http://www.texter.me

Um in der Texterkarriere vorwärts zu kommen, ist auch ein Netzwerk enorm wichtig. Aus dem Stand heraus dies aufzubauen, ist gar nicht so einfach.

Ein Texter sollte daher unbedingt die Möglichkeiten im Web nutzen und Profile anlegen auf:

- xing[19]
- linkedin[20]

Beide Plattformen bieten sowohl kostenlose Pakete als auch kostenpflichtige, erweiterte Produkte an. Hier kann sich ein Texter mit seinen Fähigkeiten präsentieren, mit Kollegen vernetzten und auch Jobs finden.

Denn auf den Plattformen gibt es spezielle Gruppen, in denen beispielsweise nur Texter agieren. Kollegen bieten oft interessante Links und neueste Erkenntnisse. In Jobbörsen werden Stellen ausgeschrieben und der freie Texter kann seine Dienste selbst mit Anzeigen anpreisen.

Wer im Internet präsent sein will, braucht ein Netzwerk auf diesen Plattformen: Austausch, Jobsuche und Präsentation gehen hier Hand in Hand. Passende Foren sind ebenfalls ratsam.

---

19 https://www.xing.com

20 www.linkedin.com

Ich habe es auch schon erlebt, dass mich ein Auftraggeber über „Xing“ gefunden und angeschrieben hat. Für diesen schreibe ich nun bereits seit zwei Jahren.

Wer dieses Thema vertiefen will, sollte sich folgender Literatur zuwenden: Andreas Lutz „Xing optimal nutzen“ oder Monika Schedding „Erfolgsstrategie Networking“.

Eine eigene Internetseite für die Dienste ist ebenfalls zu empfehlen. Hier bietet sich vor allem an, Referenzen und Beispieltexte zu präsentieren.

Wer sich einmal in die Materie einarbeiten möchte, sollte dafür nicht jede x-beliebige Anleitung wählen. Natürlich gibt es zahlreiche Webseiten-Anbieter, die jedem Laien ohne große Kenntnisse die Erstellung einer Website ermöglichen.

Aber wenn - dann richtig. Die Lektüre von Peter M. Müllers Buch „Die Homepage-Schule – der effektivste Weg zur eigenen Website“ vermittelt beispielsweise weitere Grundkenntnisse rund um das Internet. Diese können einem Texter nie schaden.

Weitere Empfehlungen finden Sie in der Literaturliste.
Glauben Sie mir, die Arbeit lohnt sich.

Das Ende der Karriereleiter eines Texter ist damit noch längst nicht erreicht. Denn wie in der freien Marktwirtschaft ist noch auf anderen Wegen das Geldverdienen möglich.

Textvermarktung: Schreiben und Käufer finden

So mancher Texter sucht nicht den in Auftrag gegebenen Text, sondern den Käufer für den bereits Geschriebenen. Es gilt die fertigen Texte an den Mann zu bringen.

Der Vorteil: Das Schreiben erfolgt völlig frei. Der Nachteil: Findet sich kein Käufer, war die Arbeit eventuell umsonst.

Doch leidenschaftliche Schreiber lassen sich davon meist nicht abhalten. Oder kennen Sie einen Schriftsteller, der sein Erstlingswerk auf Anforderung des Verlages schrieb?

Also: Trauen Sie sich mal was!

Die geschriebenen Texte können auf verschiedenen Wegen ihren Käufer finden. Es gibt zahlreiche Marktplätze dafür.

Ein Beispiel ist die Plattform: Xinxii![21] Dahinter versteckt sich eine große Selbstpublishing-Plattform.

21 http://www.xinxii.com

Vom kleinen Ratgebertext bis hin zum langen E-Book können Sie verschiedenste Texte einstellen. Diese werden in Kategorien eingeteilt. Von Belletristik bis zum Reisetipp ist alles vorhanden.

Der Autor legt den Preis selbst fest. Jedoch macht er auch das Marketing in diesem Fall selbst. Und das ist notwendig, um die geschriebenen Texte zu verkaufen. Diese Plattformen sind oft der Einstieg für Schriftsteller, die vom eigenen Buch träumen.

Aber auch Ideen lassen sich verkaufen. Statt den geschriebenen Text können Sie über das inzwischen aufgebaute Netzwerk verschiedene Themen anbieten. Ein zufriedener Auftraggeber wird bei Bedarf sicher zugreifen.

Eine Spezialisierung ist ein Vorteil. Ich habe unzählige Texte über die E-Zigarette verfasst und bin durch Selbstnutzung und Recherche zum Experten geworden.

Zum einen erleichtert das die Arbeit, weil die Recherche sich reduziert sich. Zum anderen merkt der Auftraggeber, dass hier vertieftes Wissen vorhanden ist – der Preis kann steigen!

Um als Experte das eigene Wissen zu verkaufen, kann eine Zusammenarbeit mit Text- und Werbeagenturen lukrativ sein. Viele dieser Firmen freuen sich über talentierte Schreiberlinge, die Spezialwissen vorweisen können. Die Agenturen nehmen Sie auf in ihren Texterpool und holen (fernab jedes Portals) die Aufträge.

Wie finden freie Texter diese Agenturen? Ganz einfach: Eine Google-Suche bringt zahlreiche Kontakte. Verwenden Sie Begriffe wie „Textagentur“ oder „Werbefirma“ und Sie bekommen zahlreiche Ergebnisse präsentiert.

Natürlich können Sie auch Betreiber von Internetseiten zu Ihrem Thema direkt anschreiben. So manche Initiativbewerbung war der Start für ein langfristiges Engagement.

Eigene Texte lassen sich noch auf anderem Wege zu Geld machen. Ohne Auftraggeber und ohne Käufer. Im Internet ist vieles möglich. Werden Sie Blogger. Was das ist und warum sich das aus finanzieller Sicht lohnen kann, erfahren Sie nach dem Umblättern.

Bloggen und Geld verdienen

„Was, du bist einer dieser Blogger?“ Diese Frage hatte mir einst meine Mutter schockiert gestellt. Als ich dann wagte, sie mit „nein“ zu beantworten, war sie überfordert. Es sei ihr in ihrem Rentenalter verziehen.

Um bei der Wahrheit zu bleiben, in den Bloggerbereich habe ich mich nie gewagt. Denn hier geht es weit über das Texterdasein hinaus.

Wikipedia sagt: „Ein Blogger [blɔger], international auch Weblogger genannt, ist Herausgeber oder Verfasser von Blog-Beiträgen. Dazu kann eine eigene Webseite oder ein Portal wie Blogger.com verwendet werden.“[22]

Ich habe weder das eine, noch das andere getan.

Aber natürlich ist dies auch eine Form, mit seinen Texten im Internet Geld zu verdienen. Doch der Markt ist umkämpft.

Kennen Sie die Klick-Millionäre bei Youtube? Sie sind auf der Videoplattform die Spitze des Eisberges. Und so man-

22 https://de.wikipedia.org/wiki/Blogger

cher glaubte schon irrtümlich: Ein Video mit Schminktipps produziert und schon rollt der Rubel.

Genauso verhält es sich mit den Bloggern. Die wenigsten Seiten werfen ausreichend Geld ab, dass sich davon leben lässt. Die meisten rangieren im Taschengeldbereich.

Der Vorteil der Blogs: Der Blogger kann das Thema vollständig frei wählen. Es bietet zudem hervorragende Präsentationsmöglichkeiten.

Der Nachteil: Es dauert lange, bis Geld reinkommt. Es kostet Ausdauer. Ein Blog ist ein langfristiges Unterfangen.

Doch wie verdient man als Blogger Geld? Es gibt mehrere Möglichkeiten. Ein Zauberwort heißt Partnerprogramme.

Dahinter versteckt sich Werbung. Einmal angemeldet, werden verschiedene Links und Webbanner zur Verfügung gestellt. Durch die Klicks darauf, fließt das Geld.

Typische Anbieter sind:

- Google AdSense[23]
- Amazon[24]
- usemax[25]
- Affilinet[26]
- Zanox[27]

Es gibt unzählige mögliche Partner. Doch nicht jeder ist gut im Schreiben und gleichzeitig im Betreiben einer Homepage. Wer dennoch bloggen will, kann dies für fremde Blogs tun. Diese finden sich auf den Bloggermarktplätzen. Das Führende unter ihnen ist bloggerjobs[28].

Wer mehr zum Thema Blogs wissen will, sollte Thomas Winter folgen und sein Buch „Online Geld verdienen – der eigene Blog" lesen. Denn hier endet meine Erfahrung.

Bei dem nächsten Thema geht das Schreiberherz auf. Buchautor. Wer möchte nicht einen Bestseller landen? Das geht sogar ohne Verlag. Lesen Sie selbst.

---

23 https://www.google.de/adsense/start/

24 https://partnernet.amazon.de

25 http://www.usemax.de

26 http://www.affili.net

27 http://www.zanox.com

28 http://www.bloggerjobs.de

Buchautor werden

Diesen Bereich des Texters haben wir bereits im Kapitel „Textvermarktung: Schreiben und Käufer finden" geschrammt. Denn nichts liegt dem Texter näher, ein Buch zu schreiben.

Die Branche der Selbstverleger macht es vor!

Kennen Sie „50 Shades of Grey"? Ein Riesenerfolg. Die Romantrilogie wird derzeit mit dem zweiten Film gekrönt, eine Fortsetzung als Folge Vier ist erschienen und die Reihe hat alle bisherigen Bestseller-Zahlen getoppt.

Dieser Erfolg begann im Internet. In der Selbstpublishingszene. Als E-Book.

Auch diese Möglichkeit steht jedem Texter zur Verfügung. Und nichts anderes tue ich mit diesem Ratgeber. Ich schreibe ein Buch.

Wer nicht den Partner zur Veröffentlichung an der Hand hat, kann das im Netz der unbegrenzten Möglichkeiten selbst tun.

Passende Plattformen sind:

- Xinxii
- epubli[29]
- neobooks[30]
- Bookrixs[31]
- Amazon[32]

Doch Vorsicht: Dahinter steckt viel Arbeit. Denn neben Schreiben des Buches obliegt es auch dem Autor, dieses zu vermarkten. Selbstpublishing ist sowohl im Print als auch im E-Book-Bereich kein Zuckerschlecken.

Zusätzlich tummeln sich zahlreiche Konkurrenten. Der Tagesspiegel hat einst behauptet, derzeit seien rund 75.000 Selbstverleger unterwegs. Viele bekommen mit ihren Verkäufen nicht einmal 10 Euro im Monat.

29 http://www.epubli.de

30 https://www.neobooks.com

31 http://www.bookrix.de

32 https://www.createspace.com

Wer dennoch damit sein Geld verdienen möchte, kann sein Wissen mit folgender Literatur vertiefen:

1. Buch und E-Book im Eigenverlag publizieren: Eine Selfpublisherin teilt ihre Tipps, Tricks und Erfahrungen
2. Einfach erklärt: Als Autor mit Amazon Create-Space Bücher im Selbstverlag veröffentlichen
3. Mini-Verlag: Selbst ist der Verlag! E-Book, Book on Demand, Verlagsgründung, Buchherstellung, Buchmarketing, Buchhandel, Direktvertrieb

Tantiemen von der VG Wort

Viele Texter, Autoren und Blogger wissen nichts von ihren Rechten. Dabei sollte es zur Grundlektüre zählen, wann, wie und warum Urheberrechte abgegeben werden.[33]

Zu diesem Themenbereich gehört eine Gesellschaft: Die Verwertungsgesellschaft Wort (kurz: VG Wort[34]). Sie honoriert die Zweitverwertung von Texten. Auch im Internet.

Kennen Sie die GEMA? Hat diese Ihnen schon so manchen Videogenuss auf Youtube vermasselt? Das ist die Verwertungsgesellschaft für die Musikbranche – die VG Wort tut das Gleiche für die schreibende Zunft.

Das Verfahren ist jedoch ein wenig kompliziert und E-Book-Autoren gehen meist leer aus. Aber der gemeine Texter kann durch diese Verwertung ein kleines stattliches Sümmchen auf dem Konto verzeichnen.

---

33 Siehe Literaturliste: „Uhrheber- und Verlagsrecht" von Hans-Peter Hillig

34 http://www.vgwort.de

Die Voraussetzungen für Internettexte:

1. Der Texter muss als Mitglied der VG Wort angenommen sein.
2. Der Text muss dessen Urheberrechte haben.
3. Der Umfang muss über 1800 Zeichen sein (außer Gedichte).
4. Die VG Wort verlangt eine Schöpfungshöhe (also mehr als nur Produktbeschreibungen).
5. Der Text muss frei zugänglich sein.
6. Der Text darf nicht kopiergeschützt sein.
7. Der Text braucht mindestens 1500 Aufrufe in Deutschland.
8. Für Texte über 10.000 Zeichen gibt es bei der Hälfte bereits Ausschüttungen.

Und so funktioniert es:

Sogenannte Zählpixel dokumentieren die Aufrufe. Mitglieder der VG Wort bestellen diese kostenlos bei der Gesellschaft. Anschließend muss der Webmaster die Zählpixel auf der Internetseite integrieren. Jeder Text bekommt seinen individuellen Zähler. Zudem sollte der Text bei der VG Wort angezeigt werden.

Die Verwertungsgesellschaft rechnet über das Jahr ab. Wie viel Geld der Autor pro Text verdient, bestimmen die jährlichen Quoten, die abhängig von den gesamten Einnahmen der VG Wort sind.

Ein gemeldeter Text mit 1500 Aufrufen kann 10 Euro einbringen. Bei vielen Texten mit vielen Lesern kann sich die VG Wort als Einnahmequelle lohnen.

Ich freue mich jedes Mal, wenn ein unangekündigter Scheck im Briefkasten liegt.

Doch Glück und Trauer liegen nah beieinander. Wenn nach getaner Arbeit das Geld ausbleibt, meldet sich der Frust. Besonders wenn der Lohn vereinbart war. Wie Sie Zahlungsausfall vorbeugen und säumige Auftraggeber angehen, erfahren Sie auf den nächsten Seiten.

Zahlungsausfall: Über Vertrauen und Tränen

Je mehr sich ein Texter auf die selbstständigen Beine wagt, umso höher wird das unternehmerische Risiko. Das musste ich eines Tages leidvoll feststellen.

Ich hatte einen tollen Großauftrag an Land gezogen. Ein super Wortpreis, direkter Auftraggeber. Einer meiner Ersten außerhalb von Plattformen.

Voller Elan machte ich mich an die Arbeit. Drei Wochen später präsentierte ich voller Stolz das Ergebnis. Ich hatte Spaß beim Schreiben, das Thema lag mir. Doch der Auftraggeber ward nie wieder gesehen.

Mein Text war fertig, die Arbeit getan, belohnt wurde er bis heute nicht. Denn ich hatte den Auftraggeber nicht verifiziert. Glauben Sie mir, ich war wütend und traurig zugleich. Doch das passiert, denn auch in der Texterbranche gibt es schwarze Schafe, die getane Arbeit nicht bezahlen. In meinem Fall zahlte ich viel Lehrgeld. Ebenso erlangte ich umfangreiches Wissen rund um das Thema Mahnungen und Co.

Ich habe mir seitdem einige Grundsätze angewöhnt:

- Bei neuen Auftraggebern überprüfe ich Firmendaten.
- Schriftliche Verträge außerhalb von Plattformen (seriöse Auftraggeber bieten diese meist von selbst an).
- Anzahlungen sind ein adäquates Mittel!
- Keine Großaufträge bei neuen Kunden, die nicht mindestens eine Rechnung bezahlt haben!

Hier zahlen sich die vielen Foren aus. Denn im Internet lässt sich leicht ein schwarzes Schaf ankreiden. Ein wenig Recherche ist der Texter doch gewohnt – warum nicht auch bei neuen Auftraggebern einsetzen?

Kommt es hart auf hart, sollte sich gerade bei hohen Summen rechtliche Hilfe geholt werden. Mein Weg führt mich nicht als erstes zum Anwalt, sondern zum Deutschen Journalisten Verband (DJV)[35], bei dem ich Mitglied bin. Hier bekomme ich nicht nur Rechtsberatung, auch die Erwähnung des Namens hat manchen Auftraggeber zur Zahlung bewogen.

Vertrauen ist gut – aber Kontrolle bei Geldfragen eindeutig besser.

35 https://www.djv.de

Meine Preisstrategie

Sie sind neugierig, wie ich mein Geld mit Texten im Internet verdiene? Wie mein Preis heute liegt?

Nun ja, es wäre geschäftsschädigend, wenn ich dies in allen Einzelheiten beantworte.

Nur soviel: Ja. Auch ich schreibe immer noch Texte für zwei oder drei Cent pro Wort. Und bin damit im Dumpingmarkt unterwegs.

Aber die Mischung macht es.

Ich nehme nur Aufträge an, deren Aufwand dies rechtfertigt. Die halbe Stunde Luft am Tag ist damit perfekt gefüllt. Ich bin ein Workaholic. Und in meiner Überzeugung ist jeder Text eine Übung.

Natürlich schreibe ich hochwertige Texte zu deutlich höheren Preisen. Diese sind jedoch für andere Auftraggeber und mit mehr Rechercheeinsatz, Sorgfalt und Kontrolle.

Wo sehen Sie sich in Zukunft? Das können nur Sie entscheiden. Das Wissen um den Dumpingmarkt hilft. Denn viele Anfänger bleiben in diesem Bereich – weil sie es nicht anders gelernt haben. Lernen Sie!

Welche Fertigkeiten Sie dafür brauchen, verrate ich Ihnen auf den kommenden Seiten.

Die Fertigkeiten eines Texters

Inhalt und Recherche – auch im Internet zählt Sorgfalt

Das Bundesverfassungsgericht sagt: „Ein Journalist ist zur wahrheitsgemäßen Berichterstattung verpflichtet.“ Dieser Grundsatz aus dem Presserecht gilt nicht nur für Zeitungen, Zeitschriften und Co. Er gilt auch für das Internet.

Vorweg sei hier erwähnt, dass sich zahlreiche Seiten im Internet tummeln, auf denen dieser Grundsatz nicht zu finden ist. Denn bei der Menge an Informationen ist es unmöglich, alles zu kontrollieren.

Jeder kann im Netz veröffentlichen. Qualitätssicherung gibt es kaum. Das World Wide Web ist in vielen Bereichen ein unsicherer Raum.

„Glaube nicht immer alles, was im Internet steht“, hatte einst ein Chefredakteur in den Anfangsjahren des Netzes zu mir gesagt. Auch wenn inzwischen Jahre der Weiterentwicklung dazwischen liegen, habe ich diese Warnung immer im Kopf.

Umso wichtiger ist es, dass Texter für das Internet selbst die Sorgfalt genau nehmen. „Wahrheitsgemäße Berichterstattung“ sollte als Credo immer mitschwingen.

Aber was bedeutet das? Die Antwort liefert der Pressekodex[36]. Hier heißt es quasi als hippokratischer Eid für Journalisten:

„Zur Veröffentlichung bestimmte Informationen in Wort, Bild und Grafik sind mit der nach den Umständen gebotenen Sorgfalt auf ihren Wahrheitsgehalt zu prüfen und wahrheitsgetreu wiederzugeben.“

Ein Journalist darf nur veröffentlichen, was er nach ausgiebiger Informationssuche für wahr hält. Daher ist er verpflichtet zu:

- gründlicher Recherche
- Vollständigkeit der Informationen
- objektive, angemessene Wortwahl
- Hinweise auf Symbolbilder und Fotomontagen

Zudem: Hatte ich nicht geschrieben, dass ein Texter sich den Anforderungen eines Auftraggebers unterwirft? Ja. Und nicht selten lauten die Anweisungen: „Stellen Sie nur die positiven Eigenschaften dar.“

36 http://www.presserat.de/pressekodex/pressekodex/

Das widerspricht der Forderung nach Vollständigkeit.

Hier muss sich der Texter unterwerfen, eine Produktbeschreibung unterliegt auch nicht dem Pressekodex.

„Glaube nicht, was alles im Internet steht," hallt jedes Mal in meinem Kopf nach. Ich selbst nehme oft Abstand von solchen Aufträgen. Das liegt an der alten journalistischen Schule, durch die ich gelaufen bin. Ich habe ein Gewissen. Ich liebe Recherche.

Apropos Recherche: Was ist das nun schon wieder?
Darunter werden alle Maßnahmen vereint, die notwendig sind, um der geforderten Wahrheit so nah wie möglich zu kommen. Dazu zählen:

- Interviews und Befragungen von Beteiligten
- Durchforsten verschiedener Quellen:
  - Fachbücher
  - Pressemitteilungen
  - Pressemeldungen von Agenturen
  - behördliche Mitteilungen
  - andere Medien
  - Internet
  - öffentliche Gerichtsverhandlungen
  - öffentliche Parlamentsverhandlungen.

Fremde Texte nutzen? Ja. Nutzen. Aber nicht kopieren!

„Unique Content“ ist ebenfalls ein Muss für den erfolgreichen Texter und gehört zu seiner Sorgfalt. Wer andere Texte ungefragt übernimmt, verstößt gegen das Urheberrecht.

Verschiedene Plattformen nutzen entsprechende Software, die auf „Copy and Paste“ überprüft. Hier ist schnell Schluss mit der Texter-Karriere, denn bei wiederholtem Verstoß dagegen schließen viele Plattformen den Autor aus. Ihr Text soll doch auch nicht einfach geklaut werden?

Ausnahmen sind Zitate. Ist es notwendig, eine Information aus einem Text zu übernehmen, kann dies mit Nennung des Autors und Link zur Quelle geschehen.

Gut zu wissen: Kurze Facebookbeiträge, Tweets oder die zahlreichen Blogkommentare im Internet sind meist nicht urheberrechtlich geschützt! Texte mit nur wenig Zeichen erreichen nur selten die notwendige Schöpfungshöhe.

Allgemein muss ich hier erwähnen: Presserecht und Sorgfaltspflicht sind weit aus umfassender, als dass sie nur kurz darstellbar sind. Als Literatur kann das Buch „Kleiner Knigge des Presserechts: Wie weit Journalisten zu weit gehen dürfen“ wärmstens empfohlen werden.

Soll es dennoch schon losgehen? Dann habe ich hier einige resümierende Tipps für die schnelle Recherche:

1. Textpassagen nicht eins zu eins übernehmen. Die eigenen Worte zählen.
2. Immer mehrere Quellen nutzen.
3. Nur seriöse Quellen aussuchen.
4. Fakten und Zahlen generell mit zweiter Quelle prüfen und bestätigen.
5. Quellen- und Linkangaben schützen vor absichtlicher Falschinformation.
6. Zitate für das Übernehmen verwenden.

Sind alle Informationen gesammelt? Dann kann es doch ans Schreiben gehen, oder?

Was ist was? Keywords, Google und SEO

Ein Texter muss mehr als schreiben. Das hatte ich bereits erwähnt. Daher hat er auch mehr Werkzeuge zur Hand als Worte. Der Texter für das Internet schlägt sich auch mit SEO-Optimierung, Keywords und Wordpress herum.

Sie haben keine Ahnung, was dahinter steckt? Hatte ich auch nicht. Ich kam aus dem Printbereich. Und so musste ich mühsam lernen, welcher Begriff für was steht. Denn Webtexter haben eine eigene Sprache.

Daher folgt hier nun eine kleine Übersicht der wichtigsten Begriffe:

AIDA:
Dahinter versteckt sich eine alte Werbeformel, die vereinzelt auch noch im Internet angewandt wird. AIDA steht für:

A – Attention – Aufmerksamkeit
I – Interest – Interesse
D – Desire – Wunsch
A – Action – Handeln.

Briefing:

Das ist die Auftragsbeschreibung des Auftraggebers. Optimalerweise wird hier alles formuliert, was der Texter wissen muss: Zielgruppe, Zielmedium, Hintergrund des Textes, Tonalität, Kernbotschaft und vieles mehr.

Je besser das Briefing, desto qualitativ hochwertiger kann der Texter arbeiten.

CMS:

Diese Abkürzung steht für „Content-Management-System". Dahinter stecken Programme, die eine gemeinsame Erstellung, Bearbeitung und Organisation von Webseiten ermöglichen.

Texter bekommen häufig einen eigenen Zugang und können so ihre Texte selbstständig auf die Seite laden und gestalten. Mancher Auftraggeber verlangt diesbezüglich Kenntnisse.

Beliebt und kostenlos sind:

- Wordpress
- Joomla
- Drupal
- Typo 3

Content:

Das ist die englische Bezeichnung für „Inhalt", die sich in der Websprache durchgesetzt hat. Dazu gehören nicht nur Texte, sondern auch Bilder, Grafiken, Videos und Co.

Keywords:

Sie sind Schlüsselwörter, anhand denen die Suchmaschinen beeinflusst werden. Sie werden vom User genutzt, um die erforderlichen Informationen zu finden – also als Stichwort in das Suchfeld eingetippt.

Webtexter verwenden Keywords im Text, um das Suchergebnis optimal zu gestalten. Um die richtigen Keywords zu bestimmen, gibt es Programme – wie beispielsweise das „Google Keyword Planner" Tool[37].

Auftraggeber fordern nicht selten eine bestimmte Anzahl von Keywords. Ebenso geben sie vor, ob Stoppwörter erlaubt sind. Diese erleichtern das verständliche Formulieren.

Ein Beispiel: Das Keyword lautet „Reise Tunesien". Mit erlaubten Stoppwörtern kann der Texter gern formulieren: „Bei einer Reise nach Tunesien sollten viele Aspekte beachtet werden." Das Keyword wird gezählt.

37 https://adwords.google.de/KeywordPlanner

Damit nicht jeder Texter mühsam seine Schlüsselwörter selbst zählen muss, gibt es dafür unterstützende Software. Beispiele sind:

- Keyword Density[38]
- Wortzähler[39]

<u>Link:</u>

Ein Kurzwort für Hyperlink. Dahinter steckt eine Verknüpfung auf eine andere Seite, eine andere Datei oder andere Dokumente. Hier gibt es zahlreiche Arten und Gestaltungsweisen. Siehe Themenbereich „Verlinkung und Co“.

<u>Meta-Description:</u>

Auch „Meta-Tag“ und „Snippets“ sind hier gängige Begriffe. Dahinter versteckt sich die Beschreibung einer Internetseite, die Google bei den Treffern darunter preis gibt.

38 http://tools.seobook.com/general/keyword-density/

39 http://www.meckelein.de/tools/wortzaehler

Die Meta-Description wird nur in der Trefferliste angezeigt, nicht jedoch auf der Seite selbst. Weitere Infos siehe hier im Themenbereich „Die Werkzeuge: Überschrift, Einleitung, Hauptteil, Zusammenfassung und Meta-Description".

Onpage-Optimierung:
Diese erstreckt sich über alle Maßnahmen, die direkt auf der Webseite vorgenommen werden, um sie freundlicher für die Suchmaschinen zu machen.

Das sind technische Verbesserungen, aber auch inhaltliche, gestalterische und strukturelle Maßnahmen. Überschriften, Keywords und Tags sind typische Beispiele.

Offpage-Optimierung:
Dahinter verbergen sich alle Maßnahmen, die extern stattfinden, um die Seite besser von den Suchmaschinen auffindbar zu machen. Dies ist nicht immer direkt beeinflussbar. Verlinkungen sind die Mittel. Je mehr Links von anderen Seiten auf die eigene führen, desto höher ist die Reputation. Auch hier arbeiten Agenturen professionell an den Verlinkungen.

SEO:

Hinter dieser Abkürzung steckt der englische Begriff „Search Enginge Optimization" - Suchmaschinenoptimierung.

Das Internet wird von Suchmaschinen wie Google beherrscht. Wie gehen Sie vor, wenn Sie eine Information suchen? Ich wette, auch Sie tippen ein Stichwort in eine der zahlreichen Suchmaschinen ein. Wie auch Millionen andere Nutzer.

Ebenso viele Treffer werden dann angezeigt. Haben Sie sich schon mal gefragt, wer Platz eins festlegt? SEO!
Denn dahinter verstecken sich alle Maßnahmen, die helfen, um die höchsten Plätze bei den Suchmaschinen zu erreichen.

Snippets:

Siehe Meta-Description

Teaser:

Das sind kleine Appetitanreger. Ein Teaser-Text ist wohlformuliert und hat kein überflüssiges Wort. Er macht neugierig auf noch kommende Informationen. Sie fragen sich, wo dieser eingesetzt wird? Warten Sie nur, bis wir zum Thema Textgestaltung kommen! Haben Sie es bemerkt? Das war ein typischer Teaser.

Die Werkzeuge: Überschrift, Einleitung, Hauptteil, Zusammenfassung und Meta-Description

Egal wo ein Text erscheint, eines bleibt immer gleich: Der rote Faden. Wenn ein Text keine Stringenz verfolgt, wird der Leser vor dem Ende aufgeben.

Ich wollte eigentlich gerade einkaufen gehen. Aber der Text kam dazwischen. Jetzt putze ich.

Haben Sie meine Intension verloren? Ich auch! Doch ich muss gestehen, dass nicht selten genauso mein kreatives Gehirn funktioniert – sprunghaft und ohne Zusammenhang.

In einem Text darf das nicht passieren. Er muss „rund" sein, sagt man im Schreibjargon.

Je nach Textart, wird dieser Zusammenhang mit unterschiedlichen Mitteln erreicht. Eine wissenschaftliche Arbeit wird anders strukturiert als der Newsartikel in der Tageszeitung.

Für das Internet wird von vielen Auftraggebern die klassische Struktur verlangt:

1. Überschrift (eventuell Unterzeile)
2. Einleitung
3. Hauptteil
4. Zusammenfassung
5. Meta-Description

Jedoch haben diese Bestandteile so manche web-spezifischen Aspekte.

Die Überschrift:

Diese muss wohl formuliert werden, um den Online-Leser zu locken. Denn er hat eine deutlich kürzere Aufmerksamkeitsspanne im Internet als bei Zeitungen und Büchern.

Onlineleser sind zudem wählerischer. Das ermöglicht die große Auswahl, die im World Wide Web zur Verfügung steht.

Und ganz wichtig für den Titel im Internet: Keywords verwenden! Das lieben die Suchmaschinen.

Die Überschrift im Netz ist somit noch anspruchsvoller als herkömmliche journalistische Varianten.

Nun fragen Sie zurecht: Wie sieht die perfekte Überschrift aus? Die Antwort liefert Michael Meckelein in seinem Ratgeber „Die Macht der Überschrift“[40].

Die Einleitung:
Der Internetleser sitzt vor dem Bildschirm, hält das Tablet oder das Handy in der Hand. Er sitzt unbequem. Ist vielleicht sogar in der U-Bahn. Ergo: Der Internetleser hat keine Zeit.

Daher müssen Webtexte deutlich schneller zum Kernpunkt kommen. Das bedeutet: Die Einleitung im Internet muss kürzer sein, als sie es beispielsweise in Büchern sein kann.

Aus diesem Grund ist die Einleitung oft auf wenige Sätze reduziert. Manche Auftraggeber geben sogar Zeichen vor. Das erfordert Können: Denn in kurzen Passagen muss dennoch die einleitende Funktion erfüllt werden.

Wichtig: Auch in Internettexten zieht die Einleitung den Leser in den Artikel. Hier heißt es: schneller neugierig machen. Nicht selten befinden sich hier auch Teaser.

---

40 Michael Meckelein: Die Macht der Überschrift. Mehr Leser, mehr Kunden, mehr Geld.

Der Hauptteil:

Die spezifischen Anforderungen des Hauptteiles sind vor allem in den sprachlichen Anforderungen zu finden. Aber auch die Formatierung ist im Internet anders. Zu beiden Themen kommen wir in den nächsten Kapiteln.

Im Hauptteil wird oft das Keyword am häufigsten verlangt. Denn er stellt auch im Internet den größten Teil des Textes dar. Neben Worte sind oft Fotos, Videos und andere Medien einzubinden. Eben das stellt spezielle Anforderungen an den Texter.

Die Zusammenfassung:

Sie kann den Text abschließen. Sie muss es aber nicht. Denn bereits die kurze Einleitung stellt eine „Blitz-Zusammenfassung" dar.

Am Ende des Textes empfiehlt sie sich vor allem, wenn der Hauptteil auf verschiedene Aspekte und Argumente eingeht. Denn dann verliert der ungeduldige Internetleser schnell die Übersicht.

Die Zusammenfassung resümiert im besten Fall. Ich nutze sie sehr gerne, auch wenn ein Auftraggeber sie nicht explizit verlangt. Denn in meinem Schreibstil wird der Text oft erst in der Zusammenfassung „rund". Oft schließt sich am Ende der thematische Kreis zur Einleitung.

Ein Beispiel: Mein Text beginnt mit einem Zitat. „**Sein oder Nicht-Sein, das ist hier die Frage.**“ Darauf baue ich im Hauptteil oft auf. Am Ende des Textes wird die Einleitung wieder aufgegriffen: „**Mehr Schein als Sein – das ist daher die bessere Frage, denn unter den geschilderten Umständen kann gar nicht ...**“

Sie verstehen?

Die Meta-Description:
Mit der Zusammenfassung ist der Internettext oft noch nicht beendet. So mancher Auftraggeber verlangt eine Meta-Description. Jene Unterzeile, die von Google bei den Suchergebnissen verwendet wird, aber nicht im eigentlichen Text.

Die Meta-Description hat klar definierte Regeln:

- nicht mehr als 156 Zeichen, der Rest wird von Google mit (…) weggeschnitten
- nicht mehr als 139 Zeichen, wenn ein „veröffentlicht am“ vorangestellt ist
- vorzugsweise mit AIDA Prinzip: Attention im 1. Satz, Interest im 2. Satz, Desire und Aktion im 3. Satz

Auch hier kann der Texter sich Software-Hilfe holen. Verschiedene Tools generieren Meta-Description, wie beispielsweise:

- sistrix[41]
- seomofo[42]
- portent[43]

41 https://www.sistrix.de/serp-snippet-generator/

42 http://www.seomofo.com/snippet-optimizer.html

43 https://www.portent.com/serp-preview-tool

Texten fürs Web – die richtige Formatierung

Haben Sie eigentlich schon bemerkt, wie sich dieser Ratgeber von einem Zeitungsartikel oder einem typischen Buchtext unterscheidet?

Richtig!

Er hat deutlich mehr Absätze und Auflockerungen.

Auch die richtige Formatierung ist im Internet entscheidend. Lange durchgängige Texte sind sehr unangenehm zu lesen.

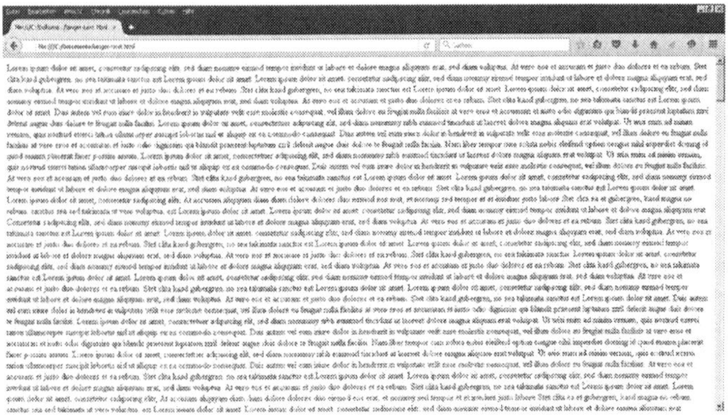

Beispiel eines durchgängigen Textes. Möchten Sie so einen Text lesen?

Der Bildschirm drückt auf die Augen, die Maus ist schnell auf dem „Zurück"-Button. Daher ist ein guter Internettext speziell formatiert.

Es gibt mehrere Mittel:

- Zwischenüberschriften
- Absätze
- Linksbündiger Text
- Tabellen
- Aufzählungen
- Hervorhebungen
- Farbliche Gestaltung

Sie helfen der Struktur: Zwischenüberschriften

So oder so ähnlich setze ich häufig Zwischenüberschriften ein. Sie sind unerlässlich für längere Texte, denn sie trennen ihn bereits optisch. Ebenso strukturieren sie den Text. Der Leser findet gezielter die Information, die er gesucht hat.

Absätze sind für die Optik ebenfalls besonders wichtig. Hier gilt: Ein Gedanke pro Absatz. Das erleichtert das Überfliegen des Textes.

Die Formatierung sollte linksbündig sein. Wer den Blocksatz wählt, erreicht damit oft unschöne und ungleichmäßig aussehende Lücken und Zwischenräume. Denn die meisten Browser unterstützen keine Silbentrennung.

Tabellen dienen der Übersicht. Sie vermitteln Informationen und machen die Webseite insgesamt attraktiver.

- Aufzählungen lockern den Text auf
- Sie reduzieren Aussagen meist auf das Wesentliche
- Daher sind sie besonders gut geeignet

Mit Hervorhebungen sollte sparsam in einem Internettext umgegangen werden. Denn zu viele von ihnen lässt den

Text wie ein bunter Hund erscheinen und letztendlich findet der Leser sich dennoch nicht zurecht. Wer zu grelle Farben wählt, macht es den Augen schwer. Der Text muss leserlich bleiben.

Vermeiden Sie Unterstreichungen. Diese sind den Links vorbehalten. Bei der farblichen Gestaltung ist Blau tabu. Denn diese Farbe ist typischerweise für Hyperlinks reserviert.

Sie fragen sich, was es mit diesen Links auf sich hat? Selbst wenn Sie genau wissen, was ein Hyperlink ist, für einen Texter ist die Verlinkung noch etwas differenzierter.

Verlinkung und Co

„Können Sie auch Artikel mit Verlinkungen schreiben?“ Diese Frage stelle mir ein Auftraggeber eines Tages völlig überraschend. Ich war noch nicht lange im Textergeschäft.

Mein Blick glitt zum Link-Symbol in meinem Textprogramm.

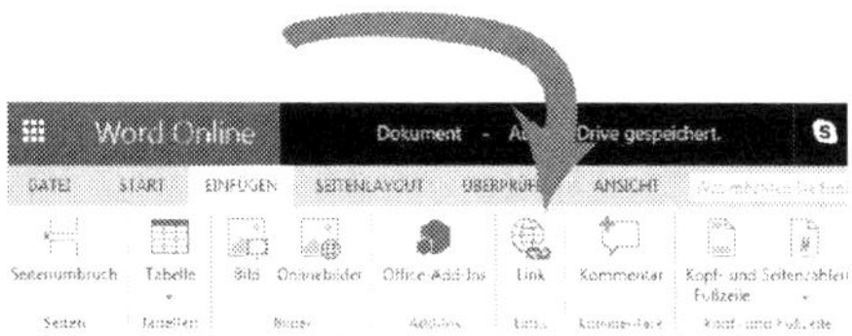

Das Bild zeigt einen Ausschnitt von Microsofts Word Online. In den meisten Office-Produkten wird die Hyperlink-Funktion durch eine Weltkugel oder eine Kette symbolisiert.

„Ja, klar“, antwortete ich selbstbewusst. Denn in meiner Naivität dachte ich, es ging um das simple Einsetzen von Links in den Text.

Schnell stellte ich fest, dass ich mich damit verkalkuliert hatte. Denn mein Auftraggeber fragte daraufhin Texte an, die auf bestimmten Seiten erscheinen und einen Link beinhalten sollten. Dieser musste unter unterschiedlichen Gegebenheiten versteckt sein.

Erinnern Sie sich an die Offpage-Optimierung? Damit war mein Auftraggeber betraut.

Linksetzung findet sich im Leben eines Texters nicht selten. Oft werden sie genutzt um Quellen zu nennen, auf weitere Informationen hinzuweisen und Seiten zu verbinden.

Gerade bei den ersten beiden Varianten geht das leicht mit der Internetadresse. Hier empfiehlt sich, diese hinter den Text zu setzen.

Bei beauftragten Verlinkungen gibt es jedoch verschiedene Arten. So kann der Auftraggeber folgende Anchortexte (die zu verlinkenden Worte) verlangen:

- Brand-Link
- Compound-Link
- Money-Link
- Keyword-Link
- sonstiges

Ein Brandlink beinhaltet einen Markennamen oder sogar die direkte URL.

Der Compound-Link beinhaltet mehrere Wörter. Hier können sowohl Name als auch Schlüsselwörter enthalten sein.

Der Money-Link benutzt ein Wort, das eine hohe Keyword-Dichte auf der entsprechenden Seite hat. Dreht sich die Webseite um Pkws beispielsweise, ist „Auto" ein sicheres Schlüsselwort.

Unter sonstige Links verstehen sich Formulierungen wie „hier" oder „auf dieser Website".

Links sind eine Eigenart des Webs. Bei Sprache und Stil gilt es weitere Facetten zu beachten.

Sprache und Stil im Internet

Habe ich schon erwähnt, dass der typische Internetleser ungeduldig ist? Allein dieser, sich immer wieder wiederholende Satz, würde ihn verrückt machen. Denn er hat den Finger permanent auf dem Scroll-Button. Dieser zuckt, dieser will weiter nach unten. Wo haben Sie Ihren Zeigefinger gerade?

Texte im Internet unterliegen dadurch einer speziellen Sprachform. Der Stil kann sich unterscheiden. In einem Blog beispielsweise kann es salopper zugehen. Hier wird der Leser oft geduzt. Für andere Texte geben zahlreiche Auftraggeber die „Sie-Form" und eine neutrale Sprache vor. Füllwörter mögen sie gar nicht.

Sie kennen Sie doch, die zahlreichen Füllwörter:
aber, allein, allemal, auch, beinahe, bloß, dabei, dafür, daher, dann, dennoch, eben, echt, eigentlich, einfach, etwa, gewöhnlich, meistens, mehrfach, natürlich, offenbar, oft, praktisch, relativ, schlicht, sehr, sogar, stets, übrigens, ungefähr, viele, völlig, wirklich, wohl, zudem, zweifellos …

Ich habe sogar Lieblingsfüllwörter: Einfach und wirklich. Sie finden sich *einfach* ständig in meinen Sätzen, denn ich kann sie *wirklich* total unbewusst tippen.

Neben den speziell formulierten Anforderungen des Auftraggebers gibt es für das Internet generell geltende Regeln der Sprache:

1. Kurze Sätze. Im Internet gleicht es einer Straftat, verschachtelt zu schreiben.
2. Kurze Wörter.
3. Aktiv statt Passiv! Verwenden Sie viele Verben.
4. Objektiver Ton.
5. Umgangssprache ist möglich.
6. Einfache Sprache – keine Fremdwörter.
7. Zitate werten auf.
8. Pfiffige Formulierungen sind beliebt.
9. Den Leser direkt anzusprechen, hilft.

Wichtig ist, dass der einmal angefangene Stil durchgehalten wird. Ist die Einleitung neutral formuliert, wirkt Umgangssprache im Hauptteil verwirrend. Ebenso sollten Texte auf einer Internetseite in einheitlichen Stilen formuliert werden.

Natürlich gehören fehlerfreie Texte im Internet zum guten Stil. Tipps für die Korrektur gibt es auf den folgenden Seiten.

Fehlerfreies Schreiben: Adressen und Tipps für Rechtschreibung, Grammatik und Korrektur

Nichts geht ohne Korrektur. Auch nicht im Internet. Ich gebe zu: Das ist der Teil, der mir am wenigstens Spaß macht. Denn einen Text zu korrigieren, ist langwierig und langweilig. Zudem zeigt mir dieser Schritt permanent meine Schwächen auf. Wer mag das schon?

Dennoch ist es unverzichtbar. Ein Auftraggeber erwartet einen fehlerfreien Text, der nicht nur in Rechtschreibung und Grammatik brilliert.

> Felherfiere Txete mcahen das Leesn enifcaher und efrreeun den Aftruaggeebr.

Hier helfen Korrekturleser. Doch gerade im Internetbereich ist dies nicht immer möglich - sei es wegen des niedrigen Wortpreis, zu enger Deadline oder Mangel an möglichen Testlesern.

Daher helfen hier ebenfalls Tools.

Ich habe mir eine Vier-Schritte-Korrektur angewöhnt.

1. Selbst Korrektur lesen
2. Rechtschreibprüfung des Schreibprogramms nutzen
3. Rechtschreibprüfung von Duden nutzen
4. Textprüfung auf Internettauglichkeit

Die Selbstkorrektur dient mir nicht nur dazu, Rechtschreib- und Grammatikfehler zu finden. Ich lese den Text in diesem Schritt auch auf inhaltliche Richtigkeit durch. Ist der Text verständlich? Ist er rund? Zieht er mich von Anfang an in seinen Bann? Hält er meine Aufmerksamkeit?

Um diese Aspekte zu beurteilen, muss ich den Text eine Weile liegen lassen. Dazu braucht es Abstand. Optimalerweise hat der Autor den Text vollständig vergessen. Mit kurzen Fertigungsfristen ist das nicht immer möglich. Ich plane bei der Annahme von Texten diese Zeit meist schon ein und setze mir einen Puffertag.

Der zweite Schritt ist einfach. F7 im Word-Programm und schon werden mir alle meine Flüchtigkeitsfehler angezeigt.

Doch nicht immer sind die Schreibprogramme auf dem aktuellsten Stand und finden alle Fehler.

Dafür ist der dritte Schritt gedacht. Auf Duden.de[44] ist ein Tool zur kostenlosen Textüberprüfung. Diese ist auf 800 Zeichen beschränkt und so muss der Text mehrfach geteilt werden. Aber der Aufwand lohnt sich.

Der letzte Schritt ist eine Prüfung mit einer Online-Textanalyse. Das Wortliga Tool[45] prüft den Text auf Lesbarkeit. Hier fällt jede Passivkonstruktion auf. Zu lange Wörter, Abkürzungen und andere vermeidbare Konstrukte zeigt das Hilfsprogramm zuverlässig an.

Eine Alternative ist die Online-Analyse vom Presseanzeiger[46]. Diese kann auch überprüfen, ob der Text zielgruppenspezifisch formuliert ist.

---

44 http://www.duden.de/rechtschreibpruefung-online/

45 http://wortliga.de/textanalyse

46 http://www.presseanzeiger.de/service/textanalyse/presse.php

Weitere interessante Mittel sind unter anderem:

- Synonymwörterbücher[47]
- Reimhelfer[48]
- Seiten für Redensarten[49]
- Sloganrecherche[50]
- Zitatseiten[51]

Auch wenn die Korrektur mühsam ist. Sie ist unverzichtbar. Glauben Sie mir. Selbst nach diesen vielen Schritten habe ich noch Fehler in meinen Texten gefunden.

Kein schönes Gefühl, wenn dieser schon an den Auftraggeber rausgegangen ist.

Deshalb seien Sie sorgsam, dann macht der nächste Schritt gleich doppelt Spaß.

---

47 http://synonyme.woxikon.de

48 http://www.2rhyme.ch

49 http://www.redensarten-index.de/suche.php

50 http://www.slogans.de

51 http://www.zitate.de

Rechnungen und Co

Ist der Text erfolgreich geschrieben und außerhalb von Textplattformen beim Auftraggeber abgegeben, folgt ein Schritt, der mir beim Schreiben ein Hochgefühl gibt.

Die Rechnung.

Noch nie eine geschrieben? Dann sollten Sie sich als angehende Texter unbedingt mit den Anforderungen an eine Rechnung vertraut machen. Die rechtlichen Rahmenbedingungen bestimmt das Umsatzsteuergesetz (UStG), insbesondere § 14 Ausstellung von Rechnungen[52]. Einen gute Überblick bietet die IHK Frankfurt am Main[53].

Denn stimmt die Rechnung nicht, meldet sich spätestens das Finanzamt mit dem erhobenen Zeigefinger. Deshalb gilt es, sich mit der Mehrwertsteuer vertraut zu machen ...

---

52 https://www.gesetze-im-internet.de/ustg_1980/__14.html

53 http://www.frankfurt-main.ihk.de/recht/steuerrecht/umsatzsteuer_national/rechnungsstellung_pflichtangaben/

Welche Mehrwertsteuer darf ich ansetzen?

Die nächste Größe, die der freie Texter kennen muss, ist die Mehrwertsteuer. Denn Leistungen werden in Netto und Brutto angegeben.

Die reguläre Mehrwertsteuer liegt bei 19 Prozent. Jedoch kann ein Kleinunternehmer von dieser befreit werden, wenn

- der Umsatz im Vorjahr nicht über 17.500 Euro lag
- der voraussichtliche Jahresumsatz nicht 50.000 Euro übersteigt.

Aber auch eine niedrigere Umsatzsteuer ist möglich. Ich bin beispielsweise berechtigt, nur 7 % Vorsteuer abzuführen. Das hängt mit dem Urheberrecht und der Zweitverwertung zusammen.

Der Satz wird vom Produkt bestimmt, das Finanzamt teilt jedoch den entsprechenden Prozentsatz offiziell mit. Bei Unklarheiten sollte die zuständige Behörde kontaktiert werden. Denn hier gibt es Regeln und Ausnahmen.[54]

Die Behörde legt auch fest, wann diese eingenommene Mehrwertsteuer weiter gegeben wird. Denn im Portemonnaie des Freiberuflers ist sie nur ein Durchgangsposten. Monatlich, im Viertel- oder im Jahresrhythmus fordert das Finanzamt diese ein.

Allerdings will der Fiskus noch mehr. Denn der Staat hat eine gesetzlich zugesicherte Gewinnbeteiligung an Ihrem Texter-Dasein. Diese nennt sich Einkommensteuer. Was es bei der Meldung zu beachten gibt, erfahren Sie auf den nächsten Seiten.

---

54 Wilfried Wagner: Umsatzsteuerrecht: Umsatzsteuergesetz mit Umsatzsteuer-Durchführungsverordnung, Umsatzsteuer-Anwendungserlass, Mehrwertsteuer-Systemrichtlinie

Meldung beim Finanzamt

Wie bereits im Kapitel „Welche Anmeldungen brauch ich" erwähnt – das „Formular zur steuerlichen Erfassung" ist der Anfang. Aber nicht das Ende. Denn zu den Pflichten gehört auch eine Steuererklärung.

Am Ende eines Jahres muss der Freiberufler eine Einkommenssteuererklärung abliefern. Diese ist der Kategorie „Einkünfte aus selbständiger Arbeit" zuzuordnen. Je nach Höhe des Gewinns wird eine Einkommenssteuer festgelegt.

Dazu bedarf es der GuV - der Gewinn- und Verlustrechnung. Denn die Einnahmen, die auf dem Konto landen, sind nicht gleich der Gewinn. Von ihnen sind die Ausgaben (Recherchekosten, Transport, Werbungskosten und vieles mehr) abzuziehen.

Auch gibt es Beträge, die vor der GuV in der Steuererklärung abgesetzt werden können. Hierzu zählen beispielsweise Aufwendungen für Rente- und Krankenversicherung.

Am Ende ist eine Zahl ermittelt, anhand dessen die Einkommenssteuer eines Freiberuflers festgelegt wird. Nebenher sind auch gewerbliche Tätigkeiten und Angestelltenverhältnisse möglich. Diese werden jedoch über die Gewerbe- oder Lohnsteuer abgerechnet.

Die Fristen für die Einreichung der Steuererklärung ist generell der 31. Mai des folgenden Jahres. Jedoch gibt es die Möglichkeit der Verlängerung um zwölf Monate. Dies ist bereits möglich, wenn ein Steuerberater mitwirkt.

Dann wird die Einkommenssteuer bis zu einem Jahr später fällig. Aber Vorsicht! Die zeitversetzte Abgabe hat ihre Tücken. Lese Sie weiter und tappen Sie nicht in die Verdienstfalle.

Vorsicht Verdienstfalle

Einkommenssteuer

Haben Sie gut aufgepasst? So mancher Anfänger tappt in die Verdienstfalle, die durch die Einkommenssteuer ausgelöst wird. Denn diese kommt zeitverzögert. Wer nicht aufpasst, kann sich schnell einer hohen Forderung von der Staatsbehörde gegenüber sehen.

Ein Beispiel: Sie fangen als Texter im Jahr 2016 an, verdienen fleißig Geld. Im Jahr 2017 beauftragen Sie einen Steuerberater, der somit eine Fristverlängerung beantragt. So wird die Einkommenssteuererklärung erst 2018 beim Finanzamt eingereicht.

Also wird zwei Jahre später die Forderung bezüglich der Einkommenssteuer für 2016 kommen. Bei einem Jahreseinkommen von 30.000 Euro ist dies laut Grundtabelle[55] für 2016 inklusive Solidaritätszuschlag eine Summe von 6260,86 Euro.

Haben Sie diese einbehalten und auf dem Konto?

55 http://www.grundtabelle.de/Grundtabelle-2016.pdf

So mancher vergisst dies und bekommt plötzlich finanzielle Probleme, auch wenn die Auftragslage gut ist.

Viele Anfänger denken daran und legen ein wenig Geld zurück. Aber hier ist noch eine zweite Fehlerquelle verbaut.

Denn nicht selten fordert das Finanzamt mit Ansetzung der Einkommenssteuer eine Vorauszahlung – in diesem Fall für das nächste anzurechnende Jahr.

Diese Zahlung wird auf Basis der Daten von 2016 festgelegt und meist vierteljährlich gefordert. Eine Vorauszahlung in Höhe von 1500 ist in unserem Beispiel durchaus denkbar.

Somit verlangt das Finanzamt eine Zahlung von über 7700 Euro. Wer hat das schon spontan in den Anfängertagen auf dem Konto?

Mein Rat ist: Holen Sie sich zu Beginn der selbstständigen Existenz einen Fachmann dazu. Der Steuerberater steht mit Rat und Informationen zur Seite. Er kann auch über solche Anfängerfehler berichten und Sie davor bewahren.

Das Steuerrecht hält zahlreiche Fallen parat. Und das ist nur einer von vielen Anfängerfehlern – auch zu wenig Geld, dem Hamsterraddenken und dem falschen Kunden …

Ach, das ist ein anderer Ratgeber. Tipps zur Buchhaltung füllen Bücher, viel dickere als dieses hier. Überlassen Sie die Steuerakrobatik dem Profi. Ihre Passion ist das Schreiben. Dort gibt es genug Hürden, die es zu meistern gilt.

Vor allem ein Klotz bremst viele Texter aus. Dieser ist nicht am Fuß zu finden, sondern im Kopf und nennt sich Disziplin.

Zehn Tipps
für die Disziplin
zur Heimarbeit

1. Freie Zeiteinteilung richtig zur Arbeit nutzen

Es klingt verführerisch. Arbeiten wann ich möchte. Pausen, wenn ich sie brauche. Arbeiten vom Wohnzimmertisch aus.

Keine Kollegen nerven. Kein Chef, der bedrohlich hinterm Rücken lauert. Die Jogginghose sieht keiner. Die Waschmaschine kann nebenbei laufen und der Haushalt macht sich im Vorübergehen.

Pustekuchen.

Denn das bedeutet freie Zeiteinteilung nicht.

Wer sich für Heimarbeit entscheidet, muss eine höhere Disziplin mit sich bringen als der normale Arbeitnehmer.

Permanent lockt die Couch, der Fernseher, das Bett. Während im Büro die Kollegen schief schauen würden, wenn Sie sich zum relaxen hinlegen, sieht das im Homeoffice niemand. Hier ist Selbstdisziplin der Schlüssel.

Fragen Sie sich selbst:

- Habe ich eine gute Selbstdisziplin?
- Kann ich mich allein motivieren?
- Habe ich schnell ein schlechtes Gewissen?
- Ziehe ich auch bei unangenehmen Arbeiten durch?

Diese Eigenschaften sind hilfreich im Homeoffice. Denn ein Freelancer kann nur von seiner Arbeit leben, wenn er die freie Zeiteinteilung zur Arbeit nutzt. Denn dies bedeutet immer Selbstdisziplinierung.

Wie sie über uns bestimmt, hat der Sozialpsychologe Roy Baumeister in seinem Buch „Die Macht der Disziplin" interessant dargelegt.

Der Autor weiß: Nicht nur positives Denken führt zum Erfolg, sondern Disziplin. Und diese ließe sich wie ein Muskel trainieren. Wer Schwächen in der Selbstdisziplin hat, dem sei dieses Buch wärmstens ans Herz gelegt.

Auch ich musste trainieren. In meinen ersten Jahren als freischaffender Schreiberling fand ich mich oft vor dem Computer wieder und vertrödelte die Arbeitszeit mit Solitär und Majong.

Ich redete mir ein: Das hilft meiner Kreativität. Doch am Ende des Tages hatte ich keinen brauchbaren Satz zu Papier gebracht.

Geholfen haben mir letztendlich klare Regeln, Selbsterkenntnis und Umstellen meines Tages. Denn ich war und bin nicht der „9to5"-Typ.

Haben Sie Probleme, Selbstdisziplin zu entwickeln? Dann nutzen Sie folgende Tipps:

- Arbeiten Sie Ihrem natürlichem Rhythmus entsprechend: Die Lerche am Morgen, die Eule am Abend.
- Eine Testwoche hilft, herauszufinden, zu welchen Zeiten Sie am produktivsten sind.
- Legen Sie danach Arbeitszeiten fest und halte Sie diese ein.
- Setzen Sie sich realistische Arbeitsziele. Diese ersetzen die schiefen Blicke der Kollegen.
- Stundenzettel helfen. Schreiben Sie Ihre Arbeitszeit auf. Die subjektive Wahrnehmung kann täuschen.
- Apps und Programme zum Zeitmanagement können ebenfalls helfen. Hier sind z.B. der „Google-

Kalender“[56], „TeuxDeux“[57], „Timesheet“[58] oder „Toogl“[59] zu nennen.

Ich beispielsweise bin eine Lerche. Meine produktivsten Zeiten sind am Morgen und mir macht das frühe Aufstehen nichts aus.

Und so sitze ich oft schon zwischen 6 und 7 Uhr am Morgen an meinem Computer. Die Aussicht auf den frühen Feierabend lockt mich zusätzlich.

In Sachen Zeitmanagement bin ich jedoch altmodisch veranlagt. Ich besitze einen Kalender in Buchform, in dem ich mit Bleistift und Radiergummi fleißig hinein kritzle.

Hier notiere ich Arbeitsanfang, Pausen und Arbeitsende. Am Monatsende überprüfe ich mich anhand dessen selbst. Und wenn Überstunden zu finden sind – dann erlaube ich mir, sie abzubummeln.

Denn es gibt auch das Gegenteil. Das Zuviel in der freien Zeiteinteilung. In diese Falle bin ich natürlich auch getappt.

---

56 https://support.google.com/calendar/answer/2465776?hl=de

57 https://teuxdeux.com

58 https://www.timesheets.com

59 https://www.toggl.com

Wer früh anfängt, der kann auch lange am Tag arbeiten. Mehr gibt es dazu später, im Kapitel „Auch zu Hause ist mal Feierabend“. Zunächst gilt es, Arbeit und Privates zu trennen.

2. Arbeit und Privates trennen

Natürlich ist es verlockend, die Waschmaschine nebenbei laufen zu lassen, wenn die Arbeit am Text ausgeführt wird. Doch im erfolgreichen Homeoffice sollten Arbeit und Privates unbedingt getrennt werden. Das gilt sowohl räumlich als auch zeitlich.

In meinen ersten Jahren als Freelancer hatte ich nur eine kleine Arbeitsecke zur Verfügung, die in meinem Schlafzimmer untergebracht war. Als größeren Tisch nutzte ich den Wohnzimmertisch.

Und so fand ich permanent meine Arbeit überall. Auch nach Feierabend, am Wochenende. Ich konnte sie nicht wegschließen. Ich konnte nicht abschalten.

Gerade aus diesen Aspekten heraus sollte der Arbeitsbereich in der Wohnung unbedingt räumlich abgetrennt sein. Denn:

- Eine Tür kann der Arbeitende zumachen.
- Sie verhindert den Blick in die Freizeit.
- In Schränken können die Arbeitsmaterialien verschwinden.

- Das Privatleben bleibt außen vor.
- Die Arbeit bleibt im Arbeitsbereich.

Wer kein eigenes Arbeitszimmer zur Verfügung hat, sollte zumindest darauf schauen, dass der Arbeitsbereich anderweitig räumlich abgetrennt ist. Vorhänge und Raumtrenner schaffen eine kreative Ecke. Genügend Stauraum ist ebenfalls wichtig, um die Arbeitsunterlagen am Wochenende aus der Sichtweite bringen zu können. Tische zum Arbeiten sind wichtig – das Ausweichen in den Privatbereich darf nicht zur Regel werden.

Aber auch die zeitliche Trennung ist wichtig.

Wer im Homeoffice arbeitet, ist im Büro, nicht zu Hause. Der Weg auf die Toilette sollte als dieser angesehen werden. Ein Toilettengang während der Arbeitszeit.

Die Waschmaschine kann auch nach dem Feierabend angesetzt werden. Hier ist Konsequenz das Schlüsselwort. Während der Arbeitszeit sollte jegliche private Handlung ausgeschlossen sein. Auch Facebook und Internet dienen lediglich der Recherche! Die Lieblings-CD empfiehlt sich ebenfalls, nur in der Freizeit einzulegen.

Der Pyjama ist Tabu. Auch im Homeoffice sollte jeder Texter sich mittels Kleidung motivieren. Denn diese gehört zur passenden Arbeitsatmosphäre. Der Weg zur Arbeitsstelle entfällt ja bereits. Dusche und Frisieren sollten nicht auch noch weggelassen werden.

Nur wer Arbeit und Privates trennen kann, wird auf Dauer erfolgreich zu Hause arbeiten. Aber es gehört noch mehr dazu. Das Homeoffice hat einen entscheidenden Anteil am Erfolg. Erfahren Sie nun, wie Sie dieses optimal einrichten.

3. Das optimale Homeoffice

Wie bereits erwähnt, ist das perfekte Homeoffice räumlich vom privaten Bereich getrennt. Aber auch innerhalb des Arbeitsbereiches sind einige Aspekte zu beachten. Diese sind:

- professionelles Arbeitsgerät
- ausreichend Möbel
- Licht
- Pflanzen
- Dekoration
- Freiräume

Denn nur wer das richtige Arbeitsmaterial zur Verfügung hat, kann auch richtig Arbeiten. Für den Schreiberling bedeutet das: Der vernetzte PC!

Mein Arbeitszimmer verfügt inzwischen über vier verschiedene Computer. Der Erste ist für den Schnitt für Fernsehaufträge gedacht. Der Zweite als Basis für das heimische Arbeitszimmer. Der dritte Computer ist ein Laptop, der mich auf Reisen begleitet. Und der vierte Computer ist ein kleines Netbook, das einst als Ersatz für den kaputten Laptop fungierte.

Ja, auch eine Schreibmaschine steht in meinem Arbeitszimmer. Doch diese dient lediglich zur Dekoration. Ich bin etwas sentimental.

Nostalgischer Charme auf dem Sekretär. Als Arbeitsgerät haben Schreibmaschinen inzwischen allerdings ausgedient.

Die Technik eines jedes Homeoffice sollte auf dem neuesten Stand sein. Ein augenschonender Monitor ist Pflicht.

Telefon und Fax, Drucker und Scanner mit Kopierfunktion sind ebenso wichtig wie eine funktionierende Internetleitung. Wer viele Webinterviews führt, dem sei ein Headset empfohlen.

Diverse Festplatten sollten ebenfalls zum Equipment gehören. Natürlich auch das permanente Backup. Wer an der Technik spart, spart an der falschen Stelle. Glauben Sie mir. Nichts ist schlimmer, wenn monatelange Schreibarbeit durch billige Technik verloren geht.

Auch bei den Möbeln sollte genügend vorhanden sein, um alles verstauen zu können. Neben Schreibtisch und Bürostuhl braucht es Regale und Schränke. Sie glauben kaum, wie schnell Regale mit Ordnern voll sind.

Die Möbel erfüllen auch den Zweck, dass sie klar signalisieren: Hier wird gearbeitet. Alltagsmöbel haben in diesem Bereich nichts zu suchen.

Ich bin der Typ: „Sie kauft lieber neue Regale als Bücher aussortieren zu müssen.“ Und das ist kein Scherz.

Pflanzen und Lampen dürfen nicht fehlen. Erstere sorgen für ein gutes Raumklima und zweitere für die richtige Sicht. Das beste Licht ist Tageslicht. Hat Ihr Büro ein großes Fenster? Dann dunkeln Sie es nicht ab!

Zusätzlich empfiehlt sich indirektes Licht. Wer mag, kann mit farbigen Lampen spielen, denn diese regen die Kreativität an. Blau beispielsweise inspiriert.

Auch ein wenig Dekoration ist erlaubt. Achten Sie darauf, dass sich nicht zu viele private Gegenstände in die Dekoration einschleichen. Das Familienfoto ist sicher kein Problem, eine vollständige Fotowand kann jedoch ablenken.

Meine Dekoration besteht aus Pflanzen, die erwähnte Schreibmaschine, ein Hundefoto und ein Wandjahreskalender. Für mein Arbeitszimmer genügt das.

Der letzte Punkt sind die Freiräume. Stopfen Sie Ihr Homeoffice nicht voll. Wer kann, richtet einen zweiten Sitzbereich ein. Lesen und Nachdenken geht auf einem anderen Platz oft einfacher. Ab und zu ist auch innerhalb des Arbeitszimmers ein Tapetenwechsel wichtig.
Umbau nicht ausgeschlossen.

Selbst wenn die Renovierung noch in weiter Ferne ist, denken Sie an die Ergonomie. Das ist wichtig. Warum? Verrate ich Ihnen gerne, bitte umblättern.

4. Ergonomie und Pausen

Diese beiden Punkte sind essenziell im Homeoffice. Denn auch hier braucht es Selbstkontrolle und Selbstdisziplin. Im heimischen Arbeitszimmer holt keine Kollegin zur Mittagspause. Schnell wird die Arbeitsunterbrechung vergessen.

Aber: Wer keine Pause macht, überfordert sich. Burn-out ist das Stichwort. Sowohl der Geist als auch der Körper braucht hin und wieder eine Pause.

Ergonomische Möbel tun dem Körper gut. Glauben Sie mir: Ihr Rücken wird über einen angepassten Bürostuhl unendliche dankbar sein. Gerade in der schreibenden Zunft schmerzen Arme, Schultern und Rücken schnell.

Ein verstellbarer Schreibtisch ist zwar teuer, aber gerade für das Heimoffice ratsam. Schmerzt der Hintern vom langen Sitzen, wird eine Weile im Stehen gearbeitet. Je nach Belieben.

Nutzen Sie Pausen um den Rücken zu entlasten. Strecken, einige Meter laufen, Lockerungsübungen. All das habe ich über die Jahre vor dem Computer zu schätzen gewusst.

Der Vorteil der Pause zu Hause ist die heimische Küche. Die Mittagspause muss nicht in einer Kantine voll nicht schmeckender Speisen verbracht werden, in der viele Kollegen lautstark reden. Gekocht werden kann das Lieblingsgericht. Frisch. Und nach den eigenen Vorlieben. Aber Vorsicht: Ohne Planen wird das nichts! Ein Braten für die 20-Minuten-Pause muss wie bei jeder anderen Arbeitsstelle am Abend vorher vorbereitet werden.

Noch eine Falle: Permanente Snacks aus dem in Reichweite befindlichen Kühlschrank sind keine gute Idee. Der Blick in den Spiegel wird sonst bald Ärger auslösen.

Die Couch. In der Mittagspause kann und darf sie genutzt werden. Wer es mit seiner Motivation vereinbaren kann, leistet sich ein kleines Nickerchen. Aber das kann nicht jeder.

Für mich ist der Mittagsschlaf kein Problem, denn ich dämmere grundsätzlich nur etwa 20 bis 30 Minuten weg. Danach ein frisch gebrühter Kaffee und die Rückkehr ins Arbeitszimmer erfolgt mit neuem Elan.

Probieren Sie aus, was für Sie am besten passt. Aber lassen Sie sich nicht ablenken. Das ist ein Erfolgskiller! Wie konzentriertes Arbeiten gelingt, verrät der nächste Tipp.

5. Wie mit Ablenkung umgehen

Die Kinder kommen nach Hause. Der Fernseher läuft. Das Spiel auf dem Computer wirkt so verlockend. Nur eine Runde?

Nein.

Ablenkungen zu widerstehen, bedeutet im Homeoffice den inneren Schweinehund zu besiegen. Vom Fernseher können Sie sich räumlich trennen. Machen Sie die Tür des Arbeitszimmers zu.

Das signalisiert den Kindern, dass Mama oder Papa noch arbeiten muss.

Hatte ich gerade der Versuchung des Computerspiels getrotzt, klingelte das Telefon. Mama. Ja, sie wollte reden. Und ich war doch nun zu Hause.

Auch das ist Ablenkung. Wer Probleme hat, diesen Versuchungen zu widerstehen, sollte sich in allen Kommunikationskanälen abschotten.

Eine Krankenschwester lässt das Handy im Spind liegen, wie die Alltagskleidung. Warum dann auch nicht im Homeoffice das private Telefon entfernen? Nachrichten können Sie in Ruhe nach Feierabend abhören. Das setzt natürlich die Trennung zwischen Privat und Arbeit bei den Telefonen voraus.

Ebenso sollte der Messenger der sozialen Netzwerke während der Arbeitszeit aus bleiben. Facebook und Instagram können warten.

Dem Computerspiel habe ich letztendlich nur widerstehen können, indem ich es deinstalliert hatte. Mein Fazit: Auf dem Arbeitscomputer gehören keine Spiele.

Mir hat es geholfen.

Doch trotz idealem Umfeld, bei jedem Texter lässt die Konzentration irgendwann nach. Was Sie tun können, damit Sie nicht in ein Loch fallen, erfahren Sie auf den nächsten Seiten.

6. Was tun beim Konzentrationsloch?

„Kannst du mal drüber schauen, ich weiß einfach nicht weiter.“ Diese Bitte äußerte ich gerne, saß ich in einer Redaktion und konnte mich nicht mehr konzentrieren.

Ich las Zeilen mehrfach. Ich schrieb einen Satz und löschte ihn. Ich vergaß, welche Information ich gesucht hatte.

Meine Kollegen hatten stets einen Tipp, die Pause half meinem Gehirn und Traubenzucker wirkte in dieser Unterbrechung oft Wunder.

Blöd: Konzentrationslöcher lauern auch im Homeoffice. Traubenzucker ist zwar vorhanden, aber keine Kollegen.

Hier helfen nur Tricks.

Ich habe ein weitverzweigtes Netzwerk, dass ich zu Hilfe nehme. Über Email ist ein Text schnell verschickt und per Telefon besprochen.

Ebenso stört es im Homeoffice niemanden, wenn Düfte wirken. Bei mir fördert Zitronenaroma beispielsweise die Konzentration.

Wann haben Sie zuletzt getrunken? In manchen Fällen ist das Konzentrationsloch ein Anzeichen für zu wenig Flüssigkeit. Dann ist es Zeit für Wasser oder einen belebenden Tee.

Ist es zu dunkel? Schlechte Lichtverhältnisse schwächen die Konzentration. Machen Sie alle Lampen an. Ein Schwung Frischluft kann ebenso helfen, wie das Wechseln der Sitzposition. Die falsche Haltung schadet der Konzentration.

Hilft all das nicht mehr, dann greife ich zu drei Maßnahmen. Ich versuche nicht mehr auf Teufel komm raus den Text weiter zu schreiben. Ich organisiere um.

1. Ich habe andere Arbeiten, die zeitlich vorgezogen werden können. Die Zeit geht nicht verloren.
2. Mein Schreibtisch braucht eine regelmäßige Ordnung. Dabei schaltet mein Gehirn vom Text ab.
3. Oder die Mittagspause findet an diesem Tag schon um 11 Uhr statt.

In all diesen Fällen setzte ich mich nach einer Unterbrechung frisch und konzentriert zurück an den Text. Manchmal braucht es die Pause eben. Das macht leistungsfähiger. Mit ein paar einfachen Grundsätzen, können Sie noch mehr Effektivität erreichen ...

7. Effektivität erreichen

Eine Studie beweist: Das Arbeiten von zu Hause steigert die Effektivität. Das haben zumindest Forscher der Universität Stanford herausgefunden.[60] Sie haben Mitarbeiter eines Callcenters begleitet. Nach neun Monaten resümierten sie, dass die Produktivität um 13 Prozent zunahm.

Demnach müsste es ein Leichtes sein, Effektivität im Homeoffice zu erreichen. Doch Theorie ist nicht Praxis.

Auch hier seien einige Tipps verraten.

1. Fangen Sie direkt mit dem Arbeiten an.

Wer das Homeoffice betritt, sollte nicht erst noch Zeitungen beseitigen, Kaffeetassen wegbringen oder anderen Tätigkeiten folgen. Starten Sie den Computer und beginnen Sie sofort. Denn der Anfang ist die halbe Miete!

2. Fokussieren Sie sich.

Frauen sind angeblich multitaskingfähig. Ich bin das nicht. Zumindest nicht beim Schreiben. Ich kann nur eins

60 https://people.stanford.edu/nbloom/sites/default/files/wfh.pdf

tun. Entweder brüte ich über einem Text oder ich rufe meine Emails ab. Beides gleichzeitig funktioniert nicht. Allein das verräterische „Pling", eine E-Mail sei eingetroffen, weckt sofort meine Neugier und ich kann nicht warten. Daher ist mein Email-Programm die meiste Zeit geschlossen.

Ist der Text geschrieben, rufe ich sie ab.

3. Prioritäten setzen

Mein bester Freund ist in diesem Bereich eine katastrophale Niete. Er bittet mich, seine Arbeiten zu priorisieren. Denn ich kann intuitiv entscheiden, was wichtiger ist und was warten kann.

Wem das nicht leicht gelingt, der muss methodisch vorgehen. Mit der ABC-Technik beispielsweise. Das A steht für sehr wichtig und sofort zu erledigen, B für später erledigen oder delegieren und C für kaum bis unwichtig und bei Bedarf zu verwerfen.

Auch die Eisenhauermethode[61] hilft. Dahinter versteckt sich eine Matrix, die mit „wichtig" und „unwichtig" arbeitet.

---

61 http://lifehacker.com/5942972/eisenhower-helps-you-prioritize-your-tasks-with-the-urgency-importance-matrix

4. Routinen schaffen

Diverse Aufgaben immer zur selben Zeit zu erledigen, hat zwar etwas Langweiliges. Aber der Mensch ist ein Gewohnheitstier. Und woran er sich gewöhnt hat, das wird selten hinterfragt. Routine hilft, nichts vor sich herzuschieben.

5. Das Unangenehmste als Erstes

Ich werde oft als Streber von engen Kollegen und Freunden bezeichnet. Das liegt zum einen an meiner enorm hohen Selbstdisziplin. Aber anderseits an einen simplen Gedanken:

„Was ich weg habe, hab ich weg."

Dieses Prinzip wende ich vor allem bei mir verhassten Dingen an. Die Korrektur eines Textes wird meist morgens direkt abgeschlossen.

Wenn ich das Unangenehmste als Erstes erledigt habe, fühlt sich alles andere danach gleich doppelt so leicht an. Das wirkt.

Denn Effektivität ist letztendlich nichts anders als eine Maßeinheit für die Wirksamkeit.

In diesem Fall ist sie dann besonders hoch. Eine weitere Hilfe, um langfristig effektiv zu bleiben und Disziplin durchzusetzen, sind Pläne und Ziele.

8. Pläne und Ziele

Wer sich keine Ziele setzt, kann sie auch nicht erreichen. Das vermeidet zum einen Druck, aber auf der anderen Seite auch das Erfolgserlebnis.

Gerade im Homeoffice helfen Pläne und Ziele, den Arbeitsalltag zu strukturieren. Ein Texter arbeitet für gewöhnlich mit Deadlines: Der Artikel muss zu einem bestimmten Zeitpunkt fertig sein.Das ist ein natürliches Ziel, dass die Arbeit vorgibt.

Wie Sie es erreichen, ist im Homeoffice Ihnen überlassen. Dafür braucht es Pläne. Prioritäten. Ein Heimarbeiter muss wissen, welche Arbeiten dringend sind und welche warten können.

Ich bin ein Listentyp. Und diese Listen sind ganz altmodisch in meinem Kalender mit Bleistift eingeschrieben. Nehme ich einen neuen Text an, plane ich damit durch:

- wann ich anfange
- wann die Rohfassung steht
- wann die Korrektur erfolgt
- wann die Abgabe ist

Danach richte ich andere Arbeiten aus. Ist ein Tag bereits mit zu viel Schreibarbeit voll, plane ich auf diesen besser andere Arbeiten wie Auftragsakquise, Rechnungen und Steuerarbeiten. Denn ich kenne meine Grenze der reinen Schreibzeit gut.

Ich plane sogar meine Einnahmen. Anhand meiner Pläne kann ich mich hervorragend kontrollieren.

Aber meine Pläne müssen nicht Ihre Pläne sein.

Sie mögen die Handkalender nicht? Kein Problem. Im digitalen Zeitalter tragen Sie Meilensteine in Online-Kalender ein. Jedes Handy hat Erinnerungsfunktionen.

Raffinierte Apps unterstützen: „OneNote“[62] beispielsweise ist ein digitales Notizbuch. Es speichert die Anmerkungen zentral und alle angeschlossenen Geräte haben zugriff auf die Daten.

„PhatPad“[63] verarbeitet sogar Skizzen und Sprachnotizen. Das Tool „Planungstool“ tut das, was der Name verspricht. Es plant.

---

62 https://www.onenote.com

63 http://www.phatware.com

Werden andere Freiberufler integriert? Dann bietet sich eine Projektmanagement-Software an. Beispiele sind Asana[64] und Basecamp[65].

Diese Helfer sind eine gute Vorbeugung gegen unrealistische Pläne. Denn das System Homeoffice funktioniert nur mit erreichbaren Zielen.

Übrigens: Wenn ein Ziel erreicht ist, belohnen Sie sich! In diesem Fall kann man beruhigt sagen: Eigenlob stinkt nicht. Denn ohne Kollegen und Chef fehlt die Resonanz.

Auch wenn es für Anfänger skurril klingen mag, fünf Minuten vor dem Spiegel können Wunder wirken: Lächeln und sagen „gut gemacht"! Ihre Familie beobachtet Sie und schaut verdutzt? Aufklären! Damit sind wir beim nächsten Tipp.

---

64 https://asana.com

65 https://freedcamp.com

9. Familie und Freunde aufklären

Bei den Ablenkungen waren sie schon erwähnt. Die Kinder, die nach Hause stürmen und Mama oder Papa sofort vereinnahmen wollen.

Denn sie glauben, dass die bloße Anwesenheit sie dazu berechtigt, die Eltern in Beschlag zu nehmen. Das ist für jegliche Aspekte der Heimarbeit tödlich.

Die Konzentration ist dahin. Die Arbeitszeiten futsch. Die Effektivität Vergangenheit.

Ich habe keine Kinder.
Aber ich habe dasselbe Problem.
Ich habe eine Mutter!

In diesen Fällen hilft nur eins: Familie und Freunden muss klar gemacht werden, dass der Arbeitsbereich der Arbeit gehört. Auch die Arbeitszeit.

Wer über ein eigenes Zimmer verfügt, kann dies mit einer geschlossenen Tür signalisieren. Wenn dann noch ein passendes Warnschild daran hängt, überlegt so mancher zweimal, bevor er klopft.

Aber auch das Gegenteil kann der Fall sein. Die soziale Vereinsamung. Denn im Homeoffice fragt kein Kollege, wie das Wochenende war.

Wichtig sind deshalb einige Instrumente. Ich beispielsweise habe mir auferlegt, einmal am Tag vor die Tür zu gehen. Ob Joggen, Einkaufen oder den Müll wegbringen, ist dabei egal. Ein Plausch mit den Nachbarn entsteht allemal.

Auch gibt es in meinem Arbeitsalltag einen festen Zeitpunkt, den ich zur Kontaktpflege nutze. Ob per Telefon, Email oder persönlich beim Arbeitstreffen – manche Kollegen sind inzwischen gute Freunde. Diese wissen, wann ich mir Zeit für ein Gespräch nehme. So werden Sie Montag Nachmittag bei mir meist eine besetzte Telefonleitung vorfinden.

Und es gibt noch andere Zeiten, an denen ich nicht erreichbar bin. Warum? Lesen Sie auf den nächsten Seiten, wieso der Feierabend unentbehrlich ist.

10. Auch zu Hause ist mal Feierabend

Einen Grundsatz musste ich erst lernen. Im Homeoffice gibt es den Feierabend. Gerade in den Zeiten, in denen ich die Arbeitsunterlagen nicht aus dem Blickfeld räumen konnte, wurde aus einer Email schnell eine Stunde Arbeit.

„Och, das geht doch noch!" sprach der Ehrgeiz. Und ich bin verdammt ehrgeizig.

Inzwischen habe ich gelernt, die Arbeit in den Arbeitszeiten zu lassen. Ist der Computer aus, ist Feierabend.

Und nichts geht über das Glücksgefühl, nach getaner Arbeit das Licht im Arbeitszimmer auszuschalten, die Tür zu schließen und ein freies Wochenende vor sich zu haben.

Lassen Sie den Ärger im Büro. Im Homeoffice ist es ein Leichtes, nicht nur im Arbeitszimmer, sondern auch im Wohnzimmer weiter zu schimpfen. Das führt zu nichts. Abschalten ist wichtig!

Wussten Sie? Auch Heimarbeiter haben Anspruch auf Urlaub. Dieser ist gesetzlich geregelt. 24 Arbeitstage oder 9,1 Prozent des jährlichen Arbeitsentgeltes als Ausgleich stehen dem Heimarbeiter von seinem Arbeitgeber zur Verfügung.

Selbstständige vergessen das oft.

Lassen Sie Ihren Urlaub im Homeoffice nicht untergehen. Auch Ihnen stehen 24 Tage zur Verfügung.

In vielen Fällen deuten Selbstständige ihre Tätigkeit als „selbst" und „ständig" - das muss nicht sein.

Karibik, Sonne, Strand und Meer: Ich komme!

Gönnen Sie sich ebenfalls eine Auszeit. Wenn es nötig ist. Verlieren Sie das Ziel nicht aus den Augen und bauen Sie Ihr Wissen aus. Denn von Bildung profitieren Sie, wie Ihnen das letzte Kapitel verrät.

Kein Stillstand

–

permanente Weiterbildung

Der Anfang ist die Hälfte des Ganzen, sagte eins Aristoteles. Wer anfängt, hat die Hälfte der Strecke bereits hinter sich. Doch wo ist das Ziel beim Texter?

Eines ist, davon leben zu können. Dazu bedarf es nicht nur Wissen und eine Ausbildung. Auch wenn die ersten Schritte getan sind: Denken Sie an Weiterbildung.

Denn niemand lernt je aus – gerade im schnelllebigen Internet. Daher nehmen Sie sich neben all der Textarbeit Zeit für einen Schreibkurs, ein neues Buch über Internetprogrammierung oder den Austausch auf Foren.

Denn Stillstand ist des Fortschrittes Tod!

Auch ich habe noch nicht ausgelernt. Stets versuche ich meine Schreibfähigkeit zu verbessern, mich auf dem aktuellen Stand zu halten und Informationen sammeln, und sammeln, und sammeln ...

Allein die Recherche für diesen Ratgeber hat mir zahlreiche neue Impulse gegeben.

Und auch deswegen - da ich längst nicht ausgelernt habe - sei zum Schluss eines erwähnt:

Eine Gewähr für Vollständigkeit, Richtigkeit und Aktualität wird nicht übernommen.

Dieser Ratgeber ist nach bestem Wissen und Gewissen geschrieben. Dessen können Sie sich sicher sein. Anregungen, Kritik und Ideen sind mir immer willkommen.

Ich hoffe, Ihnen hier und da ein Schmunzeln entlockt zu haben. Aber vor allem sollen Ihnen diese Tipps bei Ihrem Vorhaben helfen: Mit Schreiben im Internet Geld zu verdienen.

Ich hab es gerade wieder getan! Danke, dass Sie mein Buch gelesen haben. Ihnen eine gute Zeit und viel Erfolg!

Ihre Claudia Koppe

Über die Autorin

Claudia Koppe ist seit über 20 Jahren im schreibenden Metier unterwegs. Schon in der Schulzeit sind erste Artikel in Lokalzeitungen erschienen.

Nach dem Abitur und parallel zum Studium arbeitete sie permanent als Freelancer. Neben zahlreichen Projekten für das deutsche Fernsehen hat sie die Leidenschaft des Schreibens immer fortgesetzt.

Im Jahr 2010 hat sie begonnen, aktiv als Texterin im Internet zu arbeiten. Trotz der zahlreichen Schreib- und Medienerfahrungen hat sie alle Stufen des Anfängers im World Wide Web durchlebt.

Heute schreibt sie für unterschiedlichste Auftraggeber:

- Ratgeberartikel
- Blogartikel
- Nachrichten und Neuigkeiten

Ebenso arbeitet sie an eigenen Projekten

- an dem zweiten Roman
- an Kurzgeschichten
- an einem Märchen

Die tägliche Schreibroutine erstreckt sich auf mehrere Stunden. Sie weiß, wovon sie schreibt.

Literatur

Wolf Schneider: Deutsch für junge Profis: Wie man gut und lebendig schreibt; Rowohlt Taschenbuch Verlag; 6. Auflage; 2011

Roy Baumerister: Die Macht der Disziplin: Wie wir unseren Willen trainieren können; Goldmann Verlag, 3. Auflage; 2014

Rudolf Gerhard, Erich Steffen, Lutz Tillmanns: Kleiner Knigge des Presserechts: Wie weit Journalisten zu weit gehen dürfen; Nomos; 4. Auflage, 2015

Andreas Lutz: Xing optimal nutzen: Geschäftskontakte - Aufträge - Jobs. So zahlt sich Networking im Internet aus; Linde Verlag; 5. Auflage; 2013

Monika Schedding: Erfolgsstrategie Networking; buch und media; 6. Auflage; 2013

Peter M. Müller: Die Homepage-Schule – der effektivste Weg zur eigenen Website; Markt+Technik Verlag; 1. Auflage; 2011

Peter M. Müller: Das große Little Boxes-Buch – Webseiten gestalten mit HTML & CSS. Grundlagen, Navigation, Inhalte, AML und mehr; Markt+Technik Verlag; 1. Auflage; 2011
Bud E. Smith, Dorothea Heymann-Reder: Webseiten für Dummis; Wiley-CVH Verlag; 6. Auflage 2011

Thomas Winter; Online Geld verdienen – Der eigene Blog: Wie Du deinen eigenen professionellen Blog erstellst und damit erfolgreich Geld verdienst – Maximale Freiheit ... Blog schreiben, Online Geld verdienen); Kindle-Edition

Siebenbücherfrau: Buch und E-Book im Eigenverlag publizieren: Eine Selfpublisherin teilt ihre Tipps, Tricks und Erfahrungen; CreateSpace Independent Publishing Platform; 2014

H. Langenkamp: Einfach erklärt: Als Autor mit Amazon CreateSpace Bücher im Selbstverlag veröffentlichen: Eine Schritt-für-Schritt Anleitung von der Anmeldung bis zur Publizierung;
CreateSpace Independent Publishing Platform; 2012

Manfred Plinke: Mini-Verlag: Selbst ist der Verlag! E-Book, Book on Demand, Verlagsgründung, Buchherstellung, Buchmarketing, Buchhandel, Direktvertrieb; Autorenhaus-Verlag; 8. Auflage; 2012

Hans-Peter Hillig: Urheber- und Verlagsrecht: Urheberrechtsgesetz, Verlagsgesetz, Recht der urheberrechtlichen Verwertungsgesellschaften, Internationales Urheberrecht; dtv Verlag; 2013

Kerstin Diercks-Harms: Forderungen erfolgreich einziehen: So kommen Sie zu Ihrem Geld; C.H. Beck-Verlag, 1. Auflage; 2012

Wilfried Wagner: Umsatzsteuerrecht: Umsatzsteuergesetz mit Umsatzsteuer-Durchführungsverordnung, Umsatzsteuer-Anwendungserlass, Mehrwertsteuer-Systemrichtlinie, ... EG-Richtlinie 2008/9/EG, 13. EG-Richtlinie; dtv Verlagsgesellschaft; 2016

Beck-Texte: Einkommensteuerrecht ESt: Einkommensteuergesetz mit Einkommensteuer-Grund- und -Splittingtabelle, Einkommensteuer-Durchführungsverordnung, Einkommensteuer-Richtlinien; 2015

Buch-Projekte realisiert durch

Meckelein E-Commerce

Buchtipp:

Die Macht der Überschrift

Mehr Leser, mehr Kunden, mehr Geld. Ein Ratgeber für Blogger, Texter, Autoren und Journalisten.

Kennen Sie die perfekte Länge für eine Überschrift? Nutzen Sie bereits Optimierungs-Techniken für Ihre Schlagzeilen? Falls nicht, lesen Sie die Macht der Überschrift. In diesem Ratgeber erfahren Sie:

- Wie Sie als Blogger, Texter oder Autor gezielt Überschriften nutzen, um die Aufmerksamkeit neuer Leser zu gewinnen
- Warum Ihnen bessere Schlagzeilen mehr Geld bringen
- Welche Zutaten eine gute Überschrift ergeben
- Dass jeder mit einfachen Techniken zielführende Headlines texten kann
- Wie Sie selbst gute Schlagzeilen noch verbessern
- Mit welchen Tools Sie Ihre Texte optimieren

Lernen Sie magische Wörter und rote Zebras kennen. Diese machen Schlagzeilen attraktiver. Nutzen Sie den Zufall und setzen Sie auf bewährte Techniken. Das macht es einfach. So texten Sie Überschriften, die Leser lieben und Ihnen mehr Geld bringen. Selbst für erfahrene Journalisten und professionelle Werbetexter gibt es Neues zu entdecken.

Kaufen Sie dieses Buch und lassen Sie die Macht der Überschrift auf Ihre Leser wirken!

Michael Meckelein

Die Macht der Überschrift

Mehr Leser, mehr Kunden, mehr Geld. Ein Ratgeber für Blogger, Texter, Autoren und Journalisten.

Juli 2016

ISBN: 978-3-946712-00-8

Preis: 9,95 €

MECKELEIN
E-COMMERCE

Buchtipp:

Lies mich! Über die Macht der Wörter und wie die Forschung Sie zum Neurotexter macht!

Schreiben ist manchmal Fluch und Segen zugleich. Wer vom geschriebenen Wort leben will, muss Mühen auf sich nehmen. Doch je kreativer und gleichzeitig effektiver die Werke sind, umso attraktiver wird der Lohn werden. Wer schneller besser schreibt, kann mehr Geld verdienen.

Wie aber wird Ihr Texten effektiver und besser?

In diesem Buch erfahren Sie:

- Wie Sie Ihre Texte mit einfachen Techniken optimieren.
- Welche Macht Worte besitzen und wie Sie diese für Ihre Zwecke nutzen.
- Warum Erkenntnisse aus der Neurowissenschaft Ihre Schreibe verbessern können.
- Was Ihren Wortschatz kreativ erweitert.
- Wie Sie effektiver und attraktiver schreiben.

Ganz praktisch gefragt: Kennen Sie die ideale Länge für geschriebene Sätze bereits? Ist Ihnen neu, dass Worte Schmerz und Stress auslösen können?

Wollen Sie all diese Tricks und Kniffe einsetzen, um bessere Texte zu schreiben? Wollen Sie noch mehr dazulernen, um der beste Schreiber zu sein, der Sie sein können?

Lautet Ihre Antwort „Ja"? Dann lies mich!

Claudia Koppe
Lies mich!
Über die Macht der Wörter und wie die Forschung Sie zum Neurotexter macht!
Dezember 2016
ISBN: 978-3-946712-02-2
Preis: 14,95 €

20675172R00081

Printed in Poland
by Amazon Fulfillment
Poland Sp. z o.o., Wrocław